Now
That's
a Good
Question

How to Promote
Cognitive Rigor
Through
Classroom Questioning

好老师 **,** 会提问

如何通过课堂提问提升学生精准认知

[美] Erik M. Francis 著

张昱瑾等 译

华东师范大学出版社
上海

图书在版编目(CIP)数据

好老师,会提问:如何通过课堂提问提升学生精准认知/
(美)埃里克·弗朗西斯著;张昱瑾等译.—上海:华东师范
大学出版社,2018
ISBN 978 - 7 - 5675 - 8246 - 0

Ⅰ.①好… Ⅱ.①埃…②张… Ⅲ.①课堂教学-教学研
究 Ⅳ.①G424.21

中国版本图书馆 CIP 数据核字(2018)第 213529 号

好老师,会提问
如何通过课堂提问提升学生精准认知

著　者　[美]Erik M. Francis
主　译　张昱瑾
策划编辑　彭呈军
特约编辑　朱小钗
责任校对　孙祖安
装帧设计　刘怡霖

出版发行　华东师范大学出版社
社　　址　上海市中山北路 3663 号　邮编 200062
网　　址　www.ecnupress.com.cn
电　　话　021 - 60821666　行政传真 021 - 62572105
客服电话　021 - 62865537　门市(邮购)电话 021 - 62869887
地　　址　上海市中山北路 3663 号华东师范大学校内先锋路口
网　　店　http://hdsdcbs.tmall.com

印 刷 者　南通印刷总厂有限公司
开　　本　787×1092　16 开
印　　张　12.5
字　　数　187 千字
版　　次　2019 年 1 月第 1 版
印　　次　2022 年 4 月第 6 次
书　　号　ISBN 978 - 7 - 5675 - 8246 - 0/G·11435
定　　价　32.00 元

出 版 人　王　焰

献给我的父亲弗里德里克·弗朗西斯和我的家人

上海市版权局著作权合同登记　图字：09 - 2017 - 658 号

推荐序

我一直坚信好教师是自己悟出来的而不是教或评出来的,关键是要给教师正确的悟的机会。让教师去正确地悟,真正学会思考。从这一点上来说,《好老师 会提问:如何通过课堂提问提升学生精准认知》是很有价值的一本书。正如原著者在书中所提出的,写这本书真正的目的不仅是要告诉教育工作者们什么是好问题,或是给到教师们一组好问题的清单,供他们向学生提问,更重要的目的是要帮助读者理解如何研制出好问题,从而实现促进学生深度思考、鼓励学生分享学习深度等真正学习的目标。因此,如若教师们真能按作者提示的那样,悟出书中给到的教育教学有效方法得以提炼的思考方式,那么就离好教师的养成不远了。

此书的核心词——精准认知(Cognitive Rigor)是作者基于对相关学术理论的深入学习、体悟,创造性地将教育目标分类学修订版(Revised Taxonomy)与知识深度理论(Depth-of-Knowledge)有机融合重组,形成的新生概念。书中的好问题所指的就是能引发精准认知的问题。作者提供了开发好问题的公式,并具体展示了运用这一公式研制引导学生学习的八种属性好问题的过程,还呈现给大家各属性好问题的生成模板。这些模板都是作者结合理论与实践,在实践中验证提升理论,并循环往复迭代后的成果。在推介这些成果时,作者并没有泛泛地宣讲经验,而是结合实例深入浅出地将如何把理论转化为思维方式,进而提炼为有效操作方法的过程,逐一解析。这是专家型教师的思维过程,也是教师专业成长的展现。值得每一位有事业追求的教师学习。

课程研究已百年。当前,我国基础教育课程改革也进入了一个新的阶段,关注学生核心素养的发展。在课堂教学中注重学生的有效学习历程,注重教学评的一致性。此书呈现给我们的就是一种如何促成有效学习、达成教学评一致的路径。基于学术标准,将其中的表现性目标与疑问词相结合,转化成具体单元学习知识深度情境下的好问题,从而挑战学生自主学习,引发精准认知,进而深度学习。好问题既让学生明确了自己本单元学习的目标,也成为了评价学生学习达成度的任务,成为了教师引导学生进入并完成这一学习过程的重要抓手。切实、有效!很希望我们的一线教师们也能受此启发,创设出更多属于我们自己的有效教学方法,为我国的课程改革作出贡献。

期待此书的推出,能够帮助更多的教育工作者将理念转化为行动。用更多有科学理念指导的教育教学行动,帮助学生幸福成长全面发展!

钟启泉

2018 年 12 月 8 日

序

今年的 6 月 14 日是一个值得牢记的日子。这天是中国福利会建会 80 周年的纪念日,这天中福会人收到了习近平总书记在百忙之中发来的贺信。在信中总书记勉励我们:团结凝聚广大妇女儿童工作者,继续致力于缔造未来的事业。

儿童的工作是缔造未来的事业。把最宝贵的东西给予儿童,是中国福利会的创办人宋庆龄先生的信条。80 年来中福会人始终追随、秉持这一理念,在儿童教育工作中探索实践经验,总结提炼科学的方法,适时广泛推介。中国福利会的托儿所、幼儿园、学校、少年宫已成为校内外教育的品牌,在各自领域的教育发展中发挥了独特的作用。

站在历史发展的新起点,要继续担负起行业引领的任务,中福会的教育工作者就必须站得更高,以更广阔的视野,去探寻、去实践、去验证:在新时代背景下,儿童真正需要学习的是什么;哪些教育教学理论与方法能真正帮助儿童积极、主动、有效地学习。在探索中我们发现,加强对外合作交流是一种切实的途径。这本书的引入、译著就是实践中的成果。吸收外来、不忘本来、面向未来,我们也希望能不断加强与广大教育工作者的合作,汲取古今中外之精华,创造出属于新时代的教育成果。

中国福利会愿与教育界同仁们携手同行,将习近平总书记的殷殷嘱托和社会各界的殷切期望,转化为促进儿童健康发展的实际行动,为培养有知识、有品德、有作为的社会主义建设者和接班人做好服务!

中国福利会副主席、党组书记、秘书长　张晓敏

2018 年 6 月

目 录

致　谢

　　我要由衷地感谢那些给予我指导与支持的人,他们不仅在本书的写作中,还在生活中也给予了我很多专业的帮助。

　　首先,要感谢我的家人,他们在本书的写作过程中给予我持续不断的鼓励与关爱。这种鼓励和关爱也伴随我共同经历了生命中的高潮与低谷、成功与失望、危机与收获,陪伴我走过挫折、挣扎,收获成功。感谢我的妻子苏西(Susie),我的女儿阿曼达(Amanda)、麦迪逊(Madison)和艾弗里(Avery),我的母亲朱莉娅·弗朗西斯(Julia Francis),我的姑姑与教母曲奇卡特(Cookie Kalt),我的岳母温迪·拉特曼(Wendy Latman)和岳父韦斯·欧文(Wes Ervin),我的姐姐泰勒(Taylor)和我的兄弟布雷特(Brett)、威尔(Will)和马特(Matt)。

　　感谢我的挚友迈克尔·布赖恩里(Michael Brien Lane)、莫妮卡·米利诺维奇(Monica Milinovich)、加里·霍洛维茨(Gary Horowitz)和唐·多林(Don Dolin)。感谢他们的挚诚与支持,并且始终不厌其烦地与我一起分享观点和思想。

　　感谢卡斯特利亚诺(Jaime A. Castellano)给了我很多的第一次:第一次在学区内进行专业发展指导的机会、第一次出版著作的机会——在他主编的《英语语言学习者的资优培养》(*Talent Development for English Language Learners*)一书中我们共同编写了一个章节。

　　感谢卡琳·赫斯(Karin Hess)、约翰·沃尔克普(John Walkup)和本·琼斯(Ben Jones)为了确立精准认知的概念,你们让我一起参与到关于如何促进高阶思维与知识深度的教学讨论中,并成为与我一起共同研究的伙伴。

　　感谢本书的编辑——来自督导与课程开发协会(ASCD)的艾莉森·斯科特(Allison Scott),从这本书创作的第一天起她就给予我充分的信任。感谢她在整个写作过程中给予的充分支持和引导,帮助我实现了儿时的梦想——成为一名作家。

　　感谢阿德里安·吉布森(Adrienne Gibson)、安东尼·卡普诺(Anthony

Capuano)、琳达·伊纳特(Linda Ihnat)和南希·科尼策尔(Nancy Konitzer)，他们都是我的导师，在他们的指导下，我成为了今天的教育工作者。同时，也要感谢与我一起工作的同事们，同他们在一起，使我在专业奋斗中收获了工作与学习的乐趣，特别要感谢让·瑞德(Jean Read)、克里斯·凯伦(Chris Kellen)、杰·帕米克(Jay Parizek)、卡罗尔·拜林(Carol Bailin)、鲍比·奥兰多(Bobbie Orlando)、加里·福特尼(Gary Fortney)、里恩·吉尔布瑞斯(Leeann Gilbreath)和麦克·马纳斯(Mark McManus)。

感谢在过去的几年中我曾工作过的学校，感谢曾一起共过事的领导和教师们，特别是朗达·牛顿(Rhonda Newton)、艾琳·弗雷泽(Eileen Frazier)以及菲尼克斯特许学校的所有工作人员；艾德里安(Adrian)、阿拉希·鲁伊斯(Arlahee Ruiz)、亚当·夏普(Adam Sharp)以及菲尼克斯的埃斯皮里图社区发展委员会的全体工作人员；菲尼克斯优势特许学校的利安娜·鲍利(Leanne Bowley)；哈瓦苏湖学习电信学习中心的桑迪·布利斯(Sandy Breece)和帕德马贾·夏凡尼(Padmaja Chava)；阿文戴尔的阿瓜弗里亚联合学校学区的梅丽莎·亚珀(Melissa Yapo)；海蒂·曼格瑞雅(Heidi Manoguerra)、泰拉·罗素(Tyra Russell)以及纽约亨普斯特德学园特许学校的全体职员；莎伦·胡克(Sharon Hooker)和森尼赛德统一学校的资优教育教师们；特勒森特许学校学习共同体的罗恩·亚历山大(Ron Alexander)和金·斯蒂尔(Kim Steele)；亚利桑那州想象力学校的雪莉·茹汀格(Sherry Ruttinger)和艾派驰章克申的弗兰克·思迪普(Frank Stirpe)；何塞·冈萨雷斯(Jose Gonzalez)以及普拉纳达小学学区的全体工作人员；恩特普赖斯城市学校的布伦特·汉驰(Brent Hanchey)；戴尔桐亚·沃伦(Deltonya Warren)、南希·爱德华兹(Nancy Edwards)和阿拉巴马州城市学校的核心学术小组成员(是你们帮助我创造出"展示和讲述"的方法，将学术标准中的表现性目标转化为好问题)。

最后，感谢弗里德里克·弗朗西斯(Frederick L. Francis)——我的父亲、我最好的朋友、我的英雄，您激发了我对教学与学习的兴趣，引领我走向成功，并教会了我最好的问题就是鼓励人们去展示与交流他们的思想：*你想表达的意思是什么？*

导　言

好问题是做什么的？

＞

你正在上一节数学课，内容是：识别四则运算的模式，并学习如何运用各自的运算特性来解释它们的运算方法。你给学生下面一组算式：

$$2 \times 2 =$$
$$3 \times 3 =$$
$$4 \times 4 =$$
$$5 \times 5 =$$
$$6 \times 6 =$$
$$7 \times 7 =$$
$$8 \times 8 =$$
$$9 \times 9 =$$

当学生准备解题时，你向他们展示下面的材料，这让他们感到惊喜：

$$2 \times 2 = 2 + 2$$
$$3 \times 3 = 3 + 3 + 3$$
$$4 \times 4 = 4 + 4 + 4 + 4$$
$$5 \times 5 = 5 + 5 + 5 + 5 + 5$$

$$6 \times 6 = 6 + 6 + 6 + 6 + 6 + 6$$

$$7 \times 7 = 7 + 7 + 7 + 7 + 7 + 7 + 7$$

$$8 \times 8 = 8 + 8 + 8 + 8 + 8 + 8 + 8 + 8$$

$$9 \times 9 = 9 + 9 + 9 + 9 + 9 + 9 + 9 + 9 + 9$$

接下来你请学生回答表 1 中的问题。

表 1　精准认知问题(The Cognitive Rigor Question (CRQ))框架:乘法

核心性 **ESSENTIAL**	**总揽类** **Universal**	怎样才能确定等号两边的算式是相等的?
	综合类 **Overarching**	数学是如何进行抽象和定量推理的?
	专题类 **Topical**	如何表述和解决涉及数学的问题?
	自驱类 **Driving**	你如何运用以下方法解答有关乘法的文字题? ● 画图 ● 列方程 ● 使用符号表示问题中的未知数
事实性 **FACTUAL**		什么是乘法? 什么是乘数? 什么是被乘数? 什么是积? 什么是因数或系数?
分析性 **ANALYTICAL**		如何解释整数的积? 给定下列数值,如何计算出乘法算式中未知的因数或积的数值? ● 一个因数和积 ● 两个因数(乘数和被乘数)

反思性 REFLECTIVE	加法与乘法之间是什么关系? 乘数对被乘数和积有什么影响?
假设性 HYPOTHETICAL	如果给定例题中的因数增加了一个或减少了一个,会怎么样? 如何才能用乘法来解以下形态数值的题? ● 等分组 ● 数组 ● 带单位的度量值
辩论性 ARGUMENTATIVE	求几个相同数的和,加法和乘法哪种运算更简便呢?
情感性 AFFECTIVE	你怎样解释在特定情境中的整数的积? 你将怎样运用 100 以内的乘法来解文字题呢? 在已知两个因数(被乘数和乘数)的情况下,你能如何得出积? 在已知一个因数和积的情况下,你将如何计算出乘法方程式中的未知因数?
自发性 PERSONAL	关于乘法,你想学些什么?

你希望学生在这堂课中做些什么,或者说,期望他们如何深入地交流他们的学习? 显然,你已经要求学生在"做数学"了,而上表第二列中的数学问题正能让你的学生思考得更深入,并分享他们对如何用乘法来解答问题、为什么能用乘法来回答问题的观点。这些正是我们想要让他们学习的可迁移知识,学会了这些,将来他们就能解决遇到的任何乘法问题。

那么,你的学生会如何回应你提出的表 1 中的问题呢? 以下是一些可能的结果。学生们也许会:

● 说乘法正是"被重复的加法"("repeated addition"),并用你提供的例子来解释这个计算过程是如何进行的。

● 通过解释 2×2 的积是"4",实际上是数字"2"自身被加了 2 次的结果,来说明对乘法中所有数字的理解。

- 阐述 3×3 的计算过程就是将同一个数字"3"连续相加 3 次。一个形象化的呈现方案可以是：想象有三组砖，每组又各有 3 块独立的砖，这三组砖砖数相加得到总砖块数。
- 在一张纸上三个不同的位置各画三个圆圈，将各个位置上的圆圈数相加用以得到正确的总圈数的结果。

这些方式中的任何一个都符合本书对好问题所带来的学习结果的界定。这是因为好问题挑战学生去做以下事情：

- 为建立背景性知识而**阅读并研究**多种文本和主题。
- **检测、试验并解释**在多种情境中怎样使用某些观点和程序及为什么可以使用它们。
- **调查研究**其他需要知道的、可以做的或应该考虑的事项。
- 通过**设计**展示你能运用你所学到的，**来论证说明、开发创造、区别分辨自身的才能和思维。**

这些是我们的学生必须学习的核心技能。它们也是标记和衡量那些为升入大学及就业做好准备方面有真正意义的能力，包括学生将他们自身受过的教育和已有经验转化为专业知识的能力。拥有了这些能力，学生可以迁移和使用已有知识和经验来处理和解决问题、完成项目和任务、处理文本和主题。这些核心技能也是学生需要用来展示和交流他们深入思考的能力，用以分享自身对知识理解的深度和广度。

学术标准中的表现性目标并没有直接涉及这些核心技能。表现性目标通常是针对具体学科的学习目标或指标设置的，也是为衡量学生在完成某一特定等级水平学习后证明或展现他们已经能认识、理解和应用所学而制定的标准。这些标准通常不会为学生预设他们交流或阐述的期望值或告诉他们需要达到的学习的深度和广度，除非学生被引导去定义、描述、解释、陈述或写作。

然而，这些目标完全可以被开发成开放式的、发人深省的好问题，用以挑战学生展示和交流他们的所学与所思。

我们不能指望仅仅通过简单的课程学习就能够帮助学生发展更深层次的思维,习得知识迁移的能力。其实,每一篇文章或每一道习题都是学生应用自己正在学习的知识的一个首例或一次机会,但是,仅仅正确回答问题或完成任务并不代表着学生真正学会了,也不能证明学生对于概念或内容的理解达到了预期的认知深度。完成那些学习项目只能表明学生理解了某个特定的文本或者能够解决某个特定的问题。并不能确保学生的理解能够达到问题本身所要求的认知深度。正如高尔(Gall,1970)所说,"我们并不总是能够预知学生在解决具体问题时是使用了诸如分析、综合这样的高阶认知过程,或者只是使用了低阶认知过程的知识回忆"(p.710)。

一个好的问题并不能从课程标准或者教科书中直接获得。好问题来源于教师和学生。而在课程学习过程中出现的议题、习题、任务、资料或者话题都将成为学生回答这些"好问题"的素材。

当我们用好问题提问学生时,我们的目标不仅仅是评价他们学到了什么或者他们可以运用所学内容做些什么,还要了解他们所能达到的回答问题的深度。正如迪伦(Dillon,1988)所言,"我们的目标不在于学生能够给出正确的答案,而在于学生答案的产生过程"(p.67)。

这本书真正的目的不只是要告诉教育工作者什么是好问题,或是给到教师一组好问题的清单,供他们向学生提问。真正目的在于帮助读者理解如何熟练地研制出好问题,从而实现以下目标:

- 促进学生的深度思考。
- 深化学生的理解、体验和感悟。
- 扩大学生的知识面、拓展学生的思维。
- 激发学生的好奇心、想象力、兴趣和潜能。
- 鼓励学生分享他们学习的深度。

这本书依据布鲁姆教育目标分类学修订版和韦伯(Webb)的知识深度理论模型(Hess,Carlock,Jones,& Walkup,2009a,2009b)中的标准,指导教育工作者创设出引发精准认知的好问题。它也展示出如何将以下为升入大学及就业做好准备的学术标准，改述为学习目标和表现性目标，进而研制出好问题：

- 美国共同核心州立标准(Common Core State Standards，缩写：CCSS)之英语标准。来源于 2010 年美国全国州长最佳实践协会(NGACBP)和各州学校管理者委员会(CCSSO)。版权所有。
- 美国共同核心州立标准(Common Core State Standards，缩写：CCSS)之数学标准。来源于 2010 年美国全国州长最佳实践协会(NGACBP)和各州学校管理者委员会(CCSSO)。版权所有。
- 下一代科学教育标准(Next Generation Science Standards，缩写：NGSS)。来源于 NGSS 各领头州，2013 年。*下一代科学标准：适用于各州版*。华盛顿特区，2013 年国家学术出版社出版。
- 国家历史标准(National History Standards，缩写：NHS)。来源于加州大学洛杉矶分校(UCLA)美国学校国家历史中心。1996 年版，版权归加州大学评议会所有。
- 大学、职业和公民生活(College，Career，and Civic Life，缩写：C3)框架——社会学科国家标准。来源于国家社会研究委员会(NCSS)，*大学、职业和公民生活(C3)框架——社会学科课程国家标准：加强 K - 12 阶段的公民学、经济学、地理和历史学科的精准指南*(NCSS 颁布，马里兰州银泉市，2013 年)。

好问题可以作为衡量学生学习程度的形成性评价和总结性评价，并将教学重点设置在主动的、以学生为中心的学习体验上。

阅读本书时，请勿只关注好问题定义的界定或范例的选用。请思考如何利用本书包含的信息来促进探究式学习经验的获得，同时鼓励学生深入思考，并分享自己的学习经验。

如果你的学生能够示范和交流(或展示和讲述)他们正在学习的知识的深度和广度，那么你就应该知道你已经提出了一个好问题。

第一章

什么是引发精准认知的提问？

　　你正在使用各种不同体裁的文学作品来教授一个主题为英雄主义和勇敢的单元。你的学生被期望达到以下学习目标：

- 通过文本内容，分析在事情发展的过程中人物、事件或思想是如何及为何演变的，及其相互影响。（CCSS. ELA-LITERACY. CCRA. R. 3）
- 解释文本中使用的词和词组，包括遣词造句的准确性、词语的内涵与喻义，以及分析选用的特定词汇是如何表达语义或语气的。（CCSS. ELA-LITERACY. CCRA. R. 4）
- 分析两个或两个以上的多个文本，了解作者为建构各自的理解如何处理相似或相同的主题或观点，比较作者各自采用的处理方法。（CCSS. ELA-LITERACY. CCRA. R. 9）
- 通过有效的选择、组织和分析内容，撰写清晰、准确地验证和传递复杂想法与信息的应用文或说明文。（CCSS. ELA-LITERACY. CCRA. W. 2）
- 从文学作品或说明文中提取用以支持分析、反思和研究的证据。（CCSS. ELA-LITERACY. CCRA. W. 9）

在这个单元的学习中，学生将会对表 1.1 中的好问题进行解答与阐述。

表 1.1　好问题：英雄主义

核心性 **ESSENTIAL**	**总揽类** **Universal**	什么是英雄主义？ 什么是勇敢？ 哪些因素可以使某些人成为英雄或者很勇敢？
	综合类 **Overarching**	在事情发展的过程中，人物是如何成长并相互影响的？ 如何对文本中使用的词和词组进行阐释，包括怎样准确地使用它们？怎样理解它们的内涵与喻义？ 两个或两个以上的多个文本的不同作者为建构各自的理解，对于相似的主题或观点分别是如何处理的？各自又采用了怎样的处理方法？ 记叙文如何使用有效的写作技巧，通过精选的细节描写、合理的叙事顺序来拓展真实或虚拟的体验？ 如何从文学作品或说明文中提取用以支持分析、反思和研究的证据？
	专题类 **Topical**	如何在各种体裁的文学作品中呈现英雄主义和勇敢的行为，来反映信念、思想，体现不同作者的价值观和各自的文化、时代、年代和社会背景？
	自驱类 **Driving**	你会如何基于下列要求来塑造一个人物？ ● 体现英雄的品质和特征 ● 反映你个人的信仰和你心目中英雄的特征 ● 代表你所处的文化阶层或一代人对于英雄主义的信念和观点
事实性 **FACTUAL**		在故事中谁是英雄？ 英雄的性格特征是什么？ 有哪些不同类型的英雄？ 在本单元的阅读内容或者以往学习单元的人物中，谁是英雄？ 什么是"镜像人物"？ 在这个单元的文本中，作者使用了哪些词汇来描述故事中的英雄、他们遇到的情境，以及他们所采取的举措和行为？

续表

分析性 **ANALYTICAL**	英雄与故事中其他主要人物的区别是什么？ 不同类型的英雄人物有哪些异同之处？ 英雄人物与故事中其他类型人物的区别是什么？ 英雄和偶像之间的差异是什么？ 作者是如何刻画、描写与塑造文本中的英雄人物的？ 那些用来表达和分享英雄主义和勇敢行为的文本,它们的基调是什么？ 当英雄"从圣坛跌落",这意味着什么？
反思性 **REFLECTIVE**	英雄人物和反面人物之间、和文学作品中的陪衬人物之间各有什么关系？ 有关英雄、英雄主义及勇敢的故事对于读者有什么影响？ 时间、地理和社会因素对于英雄、英雄主义或者勇敢的界定与认识有什么影响？ 作者使用的语言对英雄或英雄的行为如何表现或者描绘有什么影响？
假设性 **HYPOTHETICAL**	英雄怎么才会变坏或者"从圣坛跌落"？ 哪些因素可能会导致英雄人物变为反面人物？ 反面人物怎样才有可能变成英雄人物？ 如何才能让一个角色的某些缺点将角色变得更具有英雄的气概？ 如何才能使英雄人物和反面人物互为"镜像人物"？ 如何才能使英雄人物和陪衬人物互为"镜像人物"？ 如果英雄人物或者反面人物是一位女性,那么当男主角处在危险之中时,情节又会怎样发展？
辩论性 **ARGUMENTATIVE**	一个故事的主角和他的对手是否就是英雄人物或者反面人物,或者还有其他不同的人物类型含义？ 英雄必须是完美的,还是可以有瑕疵的？ 英雄必须是无所畏惧才具有英雄气概,还是恐惧也会促使英雄变得更加英勇？ 成为英雄或很勇敢是否有一个公认的标准,还是取决于特定的要素(如:人物、地点、时间)？
情感性 **AFFECTIVE**	你认为成为英雄意味着什么？ 你认为哪些因素会促使某人成为英雄或者很勇敢？ 你认为谁是你心目中的英雄？为什么？ 你认为一个真实的人或团体所做的值得被承认或认可的英雄行为是什么样的？你将如何清晰且有效地与读者分享这些英雄主义行为？ 在你正阅读的故事中塑造的英雄人物,你认为到底是英雄还是偶像呢？ 你正撰写的故事中创作的英雄人物,你认为到底是英雄还是偶像呢？
自发性 **PERSONAL**	你想学习哪些关于英雄主义与勇敢的内容,这些内容在不同体裁的文学作品中是如何被描述与刻画的？

让我们来看看学生们将在这一文学体裁研究的过程中所讨论的问题（现在暂且把人物定式搁在一边）。注意这些问题是怎样引导学生去：

- **识别和理解**数据资料、概念定义和具体细节。
- **应用**概念和程序。
- **分析和评估**原因、经过、结果（包括实际上的、假设的或潜在的）。
- **创造性思考**用所学知识，自己可以设计、开发些什么或做些什么。

展示思考的过程只是成功的一半。这些问题还鼓励学生交流以下内容：

- **哪些知识**是必须要阅读、研究和辨识的？
- **如何使用这些知识**来回答问题、解决问题、完成任务、分析文本和主题？
- **为什么可以使用这些知识**来研究现象、解决问题、固化理念？
- 在不同的学术情境或者真实情境下**你还可以如何使用这些知识？**

这些行为和条件界定了精准认知中的深度，特别是教学中精准认知的深度，它将会挑战学生在更高和更深的层级上来习得观念，并持久地记住所学（Blackburn，2008）。当我们认为某一段学习经历具有深度时，所说的就是它在精准认知上达到的层级，即挑战学生去展示高阶思维和沟通知识深度的程度。

何为精准认知

精准认知引起越来越多的关注，主要是由于 K－12① 教育阶段的教学改革特别重视 21 世纪技能的培养，这些技能通常被认为是有利于培养学生为成功升入大学和就业做好准备的。因此，人们更大的期望在于"世界各地教育系统的教学方式能培养出 21 世纪知识经济时代需要的知识型工人，和创新型企业需要的创新型人才"（Trilling & Fadel，2009，p. 61）。不管怎样，学生仍然需要准确地掌握和应用知识。然而，他们也必须能够通过批判性思维、问题解决、合作交流、创造性和创新性的方式来真正地分析和阐述知识。

---

① K－12：从学前到 12 年级。

作为教学经验的一部分,精准认知是基于以下标准来衡量主题教学的深度和广度的:

- 所教与所学**概念与内容的复杂性**
- 所习得的**知识的种类**
- 所展示的**思维类型**
- 所交流的**知识深度**(Hess 等,2009a,2009b;Walkup & Jones,2014)

精准认知提供的是一种更优化的教育经验,它是通过组合叠加两个学术框架——布鲁姆的教育目标分类学修订版(Bloom's Revised Taxonomy)和韦伯的知识深度模型(Webb's Depth-of-Knowledge)得到的,这两个学术框架从不同视角界定了学生对知识的习得程度(Hess 等,2009a,2009b)。布鲁姆的教育目标分类学(修订版)将学生回答问题时使用的*知识类型*和呈现的*认知过程*类别进行了分类。韦伯的知识深度模型标明了学生在特定情境下回答问题时需要表达的*知识深度*。通过准确校准整合(aligning)上述这两个框架,精准认知作为高质量的教学工具,将会确保教师为学生在课堂内外的成功做好准备。(我们将讨论这两个框架如何协同工作促进认知的精准度。)

精准认知的另一个重要作用是通过给予学生挑战性的任务,让他们能够用自己的方式阐释所学内容,从而促进学生*有才智地参与*(*intellectual involvement*)。学生必须学会如何成为不断探寻意义的具有批判性思维的思考者,这样的思考者能够筛选和加工信息,然后在不同的学习和生活中使用深层次的知识来处理问题。为学生提供经验,鼓励学生对知识进行深入研究,也是教育者的职责所在。如此,也可以把精准认知作为一种帮助学生*衡量综合学习目标*是否达成的工具来使用。

在本章节的后续内容中,我们将讨论如何利用这样的学习目标,通过更好的课堂提问(即提出*好问题*)来提升精准认知。首先让我们来了解一下在实际教学中,精准认知是如何帮助教师促进课堂教学、帮助学生提升深度学习的体验的。请参考表1.2。

表 1.2　好问题与布鲁姆的教育目标分类学

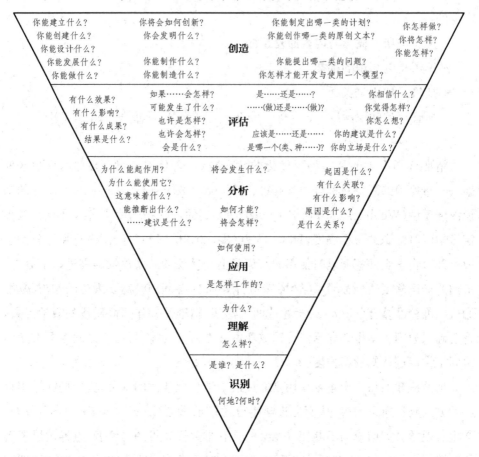

资料来源：Categories adapted from Anderson & Krathwohl，2001

高阶思维

安德森与克拉斯霍尔(Anderson and Krathwohl，2001)发展开发的布鲁姆教育目标分类学修订版,把知识(应当学习哪些知识)与认知过程(学习是如何发生的)明确列为两个维度,精准认知的模型也是在此基础上建立起来的。知识类型维度明确了学生需要学习的*内容*或*知识域*(*subject matter*)——事实、词汇、概念和程序以及这四者的使用标准。认知过程维度则描述了学生必须发展和展示的思维或技能。安德森与克拉斯霍尔(Anderson and Krathwohl,2001)修订的这个版本将这些认知技能重新表述为动词的形式,以帮助教师制定学习目标和表现性目标,这也是最初布鲁姆的教育目标分类学及修订版共同的目的与意图。然而,由于这些原先的分类学框架被格式化呈现了,当要把它们作为归类与创设好问题的资源时就显得仍有局限。

为了更好地利用布鲁姆的教育目标分类学修订版来研制出好问题,我们可以运用布鲁姆的提问倒金字塔(Bloom's Questioning Inverted Pyramid)中的基本类别,使用以下的疑问词、词组或短句转化表现性目标中描述认知过程的动词:

- **识别**: 是谁? 是什么? 何地? 何时?
- **理解**: 为什么? 怎么样?
- **应用**: 是怎样工作的? 如何使用?
- **分析**: 为什么能起作用? 为什么能使用它? 能推断出什么? 这意味着什么? ……建议是什么? 起因是什么? 有什么关联? 有什么作用? 原因是什么? 是什么关系?
- **评价**: 有什么效果? 有什么影响? 有什么成果? 结果是什么? 如果……会怎么样? 可能发生了什么? 关于……你相信什么? 关于……你觉得怎样? 关于……你怎么想? 关于……你的建议是什么?
- **创造**: 你能创建什么? 你能设计什么? 你能发展什么? 你能制定出哪一类的计划? 你能建立什么? 你将会如何创新? 你会发明什么? 你怎样做? 你能怎样? 你将怎样? 你怎样才能开发和使用一个模型? 你能创作哪一类的原创文本? 你能提出哪一类的问题?

使用表 1.2 中的相关疑问词、词组或短句来取代表述认知的动词,会对学生提出新的挑战,他们将需要在更深层次上展示、表明或者交流、阐述他们掌握的知识和对知识的理解。在表 1.3 中呈现了如何通过转述问题来创设更多复合认知的表现性任务。

表 1.3　好问题和学习目标

学　习　目　标	好　问　题
比较同一题材的不同故事(比如奇幻或者冒险类)在叙述相似主题时各自的处理方法。	同一题材的不同故事是如何处理相似主题的,在叙述时又有怎样的异同?
确定小说《局外人》(*The Outsiders*)的中心思想和主题的处理方式。	对"刻板印象、贫贱与富贵、崇敬与忠诚、亲情与友情、智商与情商、学历与阅历"这些主题,小说《局外人》(*The Outsiders*)是如何进行处理的?
分析《罗密欧与朱丽叶》中的女性角色,及其对情节与人物发展的影响。	在《罗密欧与朱丽叶》中,女性扮演了什么样的角色,女性角色是如何影响情节和人物发展的?
计算下列算式: $9 \times 2 = \quad 5 \times 6 = \quad 7 \times 3 = \quad 4 \times 6 =$ $10 \times 8 =$	怎样计算下列乘法算式? $9 \times 2 = \quad 5 \times 6 = \quad 7 \times 3 = \quad 4 \times 6 =$ $10 \times 8 =$
使用四则运算解答涉及下列问题的文字题:距离、时长、液体体积、物体质量和货币问题、涉及简分数或小数、数量单位相互转换的相关问题。	如何使用四则运算来解答涉及下列问题的文字题: ● 距离 ● 时长 ● 液体体积 ● 物体质量 ● 货币 ● 简分数或小数 ● 数量单位互相转换
列举在日常生活中节约能源的 5 种方法。	在日常生活中怎样节约能源?

续表

学 习 目 标	好 问 题
在围绕太阳运行的轨道中,火星到太阳的最远距离是 154 900 000 英里。用科学记数法来表示这个距离。	如何使用科学记数法来表示火星离太阳的最远距离?
解释什么是"膨压",为什么它对植物很重要。	什么是"膨压"? 为什么它对植物很重要?
比较和对比历史上和现在,在不同文化背景下的家庭生活。考虑诸如通讯、科技、家庭、交通、娱乐、学校和文化传统等因素。	在以下方面,不同文化背景下的家庭生活发生了怎样的改变,或者保持不变(历史上和现在)? ● 通讯 ● 科技 ● 家庭 ● 交通 ● 娱乐 ● 学校 ● 文化传统
了解最初的美国政府是由那些来自英格兰的为独立而战的英国移民组建的。	美国政府是如何被那些来自英格兰的为独立而战的英国移民组建起来的?
就"杜鲁门总统是否有正当的理由下令在日本空投原子弹"进行辩论。	杜鲁门总统下令在日本空投原子弹,是有正当理由的,还是没有正当理由的,或是他别无选择只能这样做?

　　表1.3第1列中的表现性目标提供了一种明确的学习预期。它们还要求学生表明或者展示对在课堂上正在学或已学内容或主题的深度思考。然而,表现性目标在促进学生交流或阐述其理解的深度与广度方面是有局限性的,而这恰恰是提升精准认知的教学所要解决的关键内容。运用诸如表1.3第2列中提出的那些好问题,将引导学生通过解释怎样的答案是*正确的*和*为何是正确的*,来进行深入的思考和分享他们学习的深度。

知识深度

知识深度指明了学生展示和交流其学习的环境。这种环境是情境式的，取决于文本的内容、具体主题，甚至是教师期望学生展示和交流学习的程度。学生是否被期望对所学文本或主题内容形成深入的了解与全面的理解？学生是否被期望能够展示和交流，如何使用和为何能使用某一概念和内容推导出并解释清答案、结果、成效？学生是否被期望能够运用所学知识与理念，并将它们迁移到真实的情境中去解决学习和生活上遇到的实际问题？当我们提及知识的深度时，我们所要确定的不仅仅是学生获得了多少知识，更重要的是要确定学生对自己所学的概念和内容是*如何广泛理解的*。

追求精准认知的教与学使用了诺曼·韦伯（Norman Webb，1997，2002）的知识深度模型（DOK），来说明学生是*如何全面地*交流他们通过学习所掌握的知识、理解的概念和内容的。此模型（如表 1.4 所示）包含了 4 个层次的内容：

- **知识深度第 1 层水平（DOK Level 1）回忆和再现（Recall and Reproduction）：**学生描述那些有助于深入思考文本和主题的且必须掌握和发展的*知识是什么*。

- **知识深度第 2 层水平（DOK Level2）技能和概念的应用 (Application of Skills and Concepts)：**学生表达那些用来回答问题、解决问题、完成任务或分析文本和主题的知识*如何使用*。

- **知识深度第 3 层水平（DOK Level 3）策略性思维和推理（Strategic Thinking and Reasoning）：**学生调查并解释那些用来维护结论和支持结果的知识*为什么能被使用*。

- **知识深度第 4 层水平（DOK Level 4）拓展性思维（Extend Thinking）：**学生学习和分享在各种学术和现实生活中知识*还可以被用来做什么或者还可以怎样使用*。

表 1.4　好问题与韦伯的知识深度模型

是什么？	如何使用？	为什么能用？	还能被用来做什么？
DOK‐1 **知识深度第 1 层水平**	**DOK‐2** **知识深度第 2 层水平**	**DOK‐3** **知识深度第 3 层水平**	**DOK‐4** **知识深度第 4 层水平**
	技能和概念的 **基本应用**	**策略性思维和推理**	**拓展性思维**
回忆和再现	怎样发生的？ 怎样运作？ 如何使用？ 答案是怎样的？ 结果是怎样的？ 成效是怎样的？ 你能做什么？ 你能怎样使用它？ 你将如何使用它？	为什么能运作？ 为什么是这个答案？ 为什么是这个结果？ 为什么是这个效果？ 它能推断出什么？ 它有什么启示？ 动机或影响是什么？ 有什么特征（或标志）？ 是什么原因？ 是什么关系？ 你怎样才能开发和使用一个模式？ 你能怎样？	效果是什么？ 有什么影响？ 如果……会怎样？ 将会发生什么？ 可能发生什么？ 会是什么？ 还会是什么？ 还能怎样？ 你相信/感到/想到什么？ 你能建立/创造/设计/开发/生产什么？ 你能制定出哪一类的计划？ 你能创作哪一类的作品？ 你能提出哪一类的问题？
是谁？ 是什么？ 是何地？ 是何时？ 是怎样的？ 是为什么？			

资料来源：Framework adapted from Webb 1997，2002；Hess 2009a，2009b

　　布鲁姆的教育目标分类学中的类别定义了 *subject matter*[①]，描述了学生必须习得的技能。而韦伯的知识深度模型（DOK）中的层级则指明了在学生展示和交流其所学时的场景、背景或情境。韦伯的知识深度模型的层级在复杂性上并不起到引导学习的"脚手架"（scaffold）的效果，而是提出了让学生分享他们学习的深度和广度的四种不同方式。赫斯（Hess，2013）将 DOK 层级比作"天花板"（ceilings），描述出了学生被期望的在理解和使用所学知识时需要达到的深度的上

---

① subject matter：专题，即内容域，定义的结果是：以"知识"替代了"内容"，即 subject matter 即知识域。

限。因此，更高层级的水平并不一定比其他层级"更好"或者更可取。它只是为学生学习的迁移与运用提供了一个更深入的情境。思考下面的方案是如何引发学生分享他们对毕达哥拉斯定理及其逆定理理解的深度的。

你正在教一个关于毕达哥拉斯定理的单元。 你期望学生能够达到以下学习目标：

- 解释毕达哥拉斯定理及其逆定理的证明。 （CCSS. MATH. CONTENT. 8. G. B. 6）
- 用毕达哥拉斯定理来求解直角三角形中未知的边长。 运用毕达哥拉斯定理来解答在现实生活和数学题中有关平面直角三角形和立体直角三角形未知的边长问题。 （CCSS. MATH. CONTENT. 8. G. B. 7）
- 应用毕达哥拉斯定理来测算坐标系中两点间的距离。 （CCSS. MATH. CONTENT. 8. G. B. 8)

你的学生将回答表 1.5 中的好问题。

表 1.5　好问题与毕达哥拉斯定理

	总揽类	如何对生活中的物体进行分类、区分、定义、描述、认定和量化？
核心性	综合类	如何利用数学来解决日常生活中、社会中和工作场所中遇到的问题？ 如何分析平面和立体几何图形的特征和性质？ 有关几何关系的数学论证是如何发展的？
	专题类	如何和为何可以使用毕达哥拉斯定理来解答与直角三角形相关的问题？
	自驱类	你能怎样解释毕达哥拉斯定理及其逆定理的证明？ 你能设计出哪些需要运用毕达哥拉斯定理及其逆定理来解答的数学题或者来解决的现实生活中的问题？

---

① 毕达哥拉斯定理：即勾股定理。

续表

事实性	什么是直角三角形? 什么是毕达哥拉斯定理? 什么是毕达哥拉斯定理的逆定理? 三角形各条边的标识字母分别是什么? 什么是直角三角形的斜边? 什么是坐标平面?
分析性	如何应用毕达哥拉斯定理来解答现实生活和数学题中有关平面直角三角形和立体直角三角形未知的边长问题? 怎样运用毕达哥拉斯定理来测算平面坐标上两点间的距离?
反思性	根据毕达哥拉斯定理,直角三角形三条边、三个角相互之间有什么关系? 三角形直角边和斜边的长度对于三角形各角的度数和三角形的形状类别有什么影响?
假设性	如果已知斜边和一条直角边的长度,如何求另一条边的长度? 在下列情况中,各类人员将会怎样运用毕达哥拉斯定理来解决自身遇到的问题? ● 消防队员需要确定在哪里放置消防梯能便于扑灭大火,并拯救在失火建筑物中的生命。 ● 棒球运动员想要确定在哪个部位击球,能防止内野手[①]在空中接住它,或是打成地滚球被内野手拦截。 ● 网球运动员必须确定发球点的位置。 ● 《饥饿游戏》中的凯特尼斯(Katniss Everdeen)必须确定从她在树上射箭的位置到地面上猎物的距离。
辩论性	确定斜边长度的数值时是应四舍五入到最接近的整数,还是应保持其真实完整的小数数值? 毕达哥拉斯定理的创立是应归功于毕达哥拉斯,还是应归功于早于毕达哥拉斯发现此规律的人?

---

① 内野手:内野手是棒球中的防守位置。

情感性	在下列情境中，你将如何运用毕达哥拉斯定理？ ● 为艺术类课程设计一个方案。 ● 确定涂刷房屋时梯子需要延伸的高度。 ● 确定电视机、手提箱或计算机的尺寸。 ● 确定地图上任意三个点中两两之间的距离。 ● 确定四分卫将橄榄球抛给己方一个接球手时，需抛掷的距离。 你将如何使用毕达哥拉斯定理及其逆定理来确定在给定问题中呈现的三角形的类型？
自发性	你想学哪些关于毕达哥拉斯定理及其逆定理的内容？

请注意思维水平的层级是如何逐步提升的，如何从基础的层级（认识、理解和应用）过渡到更为复杂的学习水平层级（分析、评价）。不管怎样，学生表达其学习的深度主要取决于学习情境。有些问题特别关注回忆和再现（知识深度第 1 层水平，DOK - 1）有关毕达哥拉斯定理及其逆定理的具体知识点上。有些问题要学生解释如何使用毕达哥拉斯定理来解答问题（知识深度第 2 层水平，DOK - 2），或为什么能使用毕达哥拉斯定理来解决问题（知识深度第 3 层水平，DOK - 3）。还有一些问题要求学生分享毕达哥拉斯定理的其他作用，还可以使用毕达哥拉斯定理及其逆定理解决哪些问题，或者在其他的学术情境和现实生活当中还有哪些地方会使用到毕达哥拉斯定理（知识深度第 4 层水平，DOK - 4）。尽管思维的水平在不断提升，但知识的深度也在不断拓展。

在追求精准认知的教与学时，请记住知识深度与高阶思维并不能划等号。高阶思维界定的是行为或认知（思维）。知识深度则是标识了认知行为被执行的情境和范围。通过设置追求更高阶的思维与更有深度的知识的合理教学预期，促使学生能够证明、表达或展示其所学知识有多深、有多广，这样知识深度与高阶思维就能共同促进精准认知了。

如何通过提出好问题来促进精准认知

追求精准认知的教与学与只追求完成学习任务、达成学习结果的传统的教与学的方式截然不同。追求精准认知的教与学引导并鼓励学生深入思考，通过分析和回答作为形成性和总结性评价的好问题来表达和分享他们的学习深度，并设置学习的重点。

下面提供一种途径，它既是一种可以用来设定教育目标的方法，又是一个可以用来开发好问题的公式：

展示和讲述＋常用疑问词、词组或短句＋知识深度模型情境

常用疑问句词、词组或短句与布鲁姆的提问倒金字塔中的特定认知类别相关（参见 p. 12 表 1.2 中的类型）。例如，当一个表现性目标是希望学生理解（或是布鲁姆的教育目标分类学修订版中的其他相关认知范畴中的动词）时，我们可以使用以疑问词怎样或为什么引导的疑问句来围绕那个动词进行提问。这两类问题可以引导学生展示并交流阐述他们的理解，鼓励他们进行策略性思考（DOK‐3），也能超越最初在表现性目标中设定的知识域（subject matter）和情境，来拓展他们的思维（DOK‐4）——而这正是我们想要达到的。当你开始尝试将表现性目标转化为引发精准认知的好问题时，你可能会发现自己使用的疑问词经常会是怎样与为什么——这没关系，不用顾虑。当然，希望你能挑战自己，去使用在表 1.2 中所列举的其他疑问词、词组或短句。

知识深度模型的情境（DOK Context）既涉及学习活动的范围，也涉及内容理解的预期深度（Hess 等，2009a，2009b）。这种情境通常是由一组动宾短语（由表现性目标中的动词与后面受此动词支配的名词成分）组合而成[①]。这组短语（或短句）不仅确定了活动的范围，而且还设定了学生需展示的学习深度。

请注意表 1.6 中的好问题是如何根据表现性目标推导出来的。表现性目标中的动词被适当的疑问词、词组或短句所转化，用以提示学生思考。紧跟在这个动词之后的名词短语[②]则指定了学生必须用来解释其学习的情境或深度。这样形成的好问题对应并明确了教学重点，也同时作为一节课或单元的形成性和总结性评价（我们将在本章最后讨论如何将表现性目标转化为好问题）。

---

① 在汉语表述中也可以是动补短语＋宾语或是动词＋介宾短语形成的短句。
② 在汉语中还包括伴随这一动词的用来修饰动词状态的短语或短句。

表 1.6　基于标准的好问题的制定

学习目标	起始说明	疑问词、词组或短句	知识深度模型情境
区分口语单音节单词中长元音和短元音的发音。	展示和讲述	有哪些区别	口语单音节词中长元音和短元音的发音(有哪些区别)?
确定文本的中心思想或主题,分析它们的发展;概括支撑内容和观点的要点。	展示和讲述	如何	● 确定文本的中心思想和主题? ● 全文的中心思想和主题(如何)发展的? ● 支持内容和观点的要点(如何)来支撑文本的中心思想和主题?
分析两个或多个作者对同一主题,是怎样通过强调不同的证据或推导对事实的不同解读,来体现各自的观点的。	展示和讲述	怎样才能	● 两个或多个作者对同一主题进行各自的撰写时,(怎样通过)以下方式来体现各自的观点? —强调不同的证据 —推导对事实的不同解读
在对现实题材论题或文本的分析中,使用有效推理和相关充分证据**撰写**用以支持论点的论据。	展示和讲述	你怎样才能	在现实题材论题或文本的分析中,使用有效推理和相关充分证据撰写用以支持论点的论据?
采用联系上下文、分析有特定含义的语素①、查阅综合和专业的参考资料的方法,**确定或澄清**生词、多义词的含义。	展示和讲述	是什么原因	生词和多义词的含义可以用下面的方法来确定和澄清? ● 联系上下文 ● 分析有特定含义的语素 ● 查阅综合和专业的参考资料

① 语素:即词的组成部分。

续表

学习目标	起始说明	疑问词、词组或短句	知识深度模型情境
计数，从小于 120 的任一数字开始，数到 120，并在这个范围内，读写数字，并用数字表示物体的数量。	展示和讲述	你怎样才能	<ul><li>从小于 120 的任一数字开始数数，数到 120？</li><li>读写数字？</li><li>用数字表示物体的数量？</li></ul>
在已学习的位值原理和乘法运算性质的基础上，**乘法运算**整十数乘一位数（如 9×80、5×60）。	展示和讲述	你怎样才能	运用以下已学过的知识，乘法运算整十数乘一位数？<ul><li>位值原理</li><li>运算特质</li></ul>
理解函数在一个集合（称为定义域）范围内的任一元素，在另一个集合（称为值域）范围内都有唯一确定的一个元素与之对应。如果用 f 表示使两个集合相对应的法则，用 x 表示定义域中的元素，那么，f(x) 则表示输入变量 x 的数值时，按 f 的对应运算法则得到的输出变量的数值。f 对应的函数的图像就是表达式 y＝f(x) 对应的图像。	展示和讲述	怎样	<ul><li>得出函数在一个集合（称为定义域）范围内的任一元素，在另一个集合（称为值域）范围内都有唯一确定的一个元素与之对应？</li><li>如果用 f 表示使两个集合相对应的法则，用 x 表示其中一个集合（定义域）中的元素，那么，f(x)（怎样）表示对应于输入 x 的输出值的？</li><li>得出 f 对应的函数的图像就是表达式 y＝f(x) 对应的图像</li></ul>

如何使用引发精准认知的问题进行教学

每类追求精准认知的问题都会引导学生深入了解知识，并以自己独特的方式对问题做出深刻的回应。这些问题也使得教师既是提供学生必须学习的信息的指导者，也是鼓励学生将信息处理成专业知识或其他知识成果（包括自我认识）的促进者。

- **核心性问题**为学生提供了学习的重点和预期，让他们以自己独特的方式对一节课或单元的中心思想、核心理念和主题理解展开更深入的论证、更真实的学习。
- **事实性问题**引导学生去阅读、研究和认识关于*是谁、是什么、在何地或在何时*的信息。
- **分析性问题**挑战学生去研究和解释*怎样和为什么；意义或启示是什么；意图或目的是什么；分类依据或类别特征是什么；确定或表明什么；有什么相同点和不同点；推断出的、代表的、所指的、建议的或象征的又是什么*。
- **反思性问题**激发学生去调查和询问*因果关系是什么；有什么影响和有哪些有影响的人（或事物）；原因和结果是什么以及有哪些利弊*。
- **假设性问题**促使学生去想象*如果……会怎样；假设将发生什么；可能发生了什么；将会怎样和也许是怎样；预测会是什么或将怎么样*。
- **辩论性问题**引导学生依据有效的推理和中肯充分的证据，做出选择并维护决定。
- **情感性问题**鼓励学生*分享所信、所感、所想；陈述自己的意见、观点或思考；表明自己怎么能够或者将要如何处理一个特定的问题、难题或者情况*。
- **自发性问题**激发学生主动探索关于正在教授的主题或专题*你想学些什么*，然后与同学分享他们的学习成果。

这些引发精准认知的问题（CRQs）可以作为一节课乃至整个单元的基本问题。也可以使用精准认知问题（CRQ）框架（见附录 A）将它们组合在一起。显然，所有这些问题都不能在一个唯一的课时内完成解答，因为这些问题太多了！然而，每个问题都可以单独提出或与其他问题相结合，以提供更深层次的以学生为中心的学习体验，促进精准认知。

结论

引发精准认知的提问促使学生能够展示和交流他们在学术研究和个人生活中可以使用的有深度的知识和复杂的思维技能。我们可以简便地将学术标准和其中的表现性目标改述为开放式的、发人深省的问题，或者自己来创设好问题。这些改写或教师自己设计的好问题，能用来设置教学重点，并作为对学生的学习评价。CRQ 框架可以当作一种资源来使用，不仅可以用来确定问题的类型，还可以根据提问的意图、目的和问题的复杂程度为问题的设计提供脚手架。

本书接下来将探讨 CRQ 框架中每个问题类别，并呈现每个类别是如何建立在其他类别之上，来提升学生的思维水平和知识深度——精准认知。我们也将讨论学生将会如何回应，教师又该如何评价回应的准确性、可接受性、适当性和率真性。

专业发展

如何基于学习目标研制好问题

目　标 ·············▷

根据为升入大学及就业做好准备的标准中的表现性目标，研制出引发精准认知的问题，可将这些问题作为一节课或单元的教学重点和形成性、总结性评价。

参考资料 ·············▷

- 你所在的地区推行的为升入大学及就业做好准备的标准
- 你所在的学校采用的课程和教材
- 好问题和布鲁姆的教育目标分类学（表 1.2）
- 好问题和韦伯的知识深度模型（表 1.4）

步　骤 ••••••••••••••••••••••••••

1. 选择可以作为一节课或一个单元的目标达成的标准。使用表1.7,在**学习目标(LEARNING OBJECTIVES)**栏中填入标准中的表现性目标。

2. 用布鲁姆的提问倒金字塔中的相应疑问词、词组或短句转化表现性目标开始部分描述认知过程的动词。将所采用的疑问词、词组或短句填入**常用疑问词、词组或短句(HOT STEM)**栏中。

3. 确定将要学习的主题、知识或将要讲演的论题、要使用的素材所处的场景、背景或情境。将这些条件放在**知识深度模型情境(DOK CONTEXT)**的栏中。示例见表1.6。

4. 改写在标准中表现性目标结尾部分的名词短语。紧接在由描述认知过程的动词转换来的疑问词、词组或短句的后面,写下这个短语。

5. 将常用疑问词、词组或短句(HOT STEM)与知识深度模型情境(DOK CONTEXT)结合起来,形成你的引发精准认知的问题。这样形成的好问题将会成为一节课或单元的教学重点,并作为形成性与总结性评价。已完成的示例图表见表1.6。

表1.7　基于学习目标的好问题的研制

学习目标	起始说明	常用疑问词、词组或短句	知识深度模型情境
	展示和讲述		
	展示和讲述		
	展示和讲述		
	展示和讲述		

第二章

怎样制定一个核心性的好问题？

你正在教授一个以 20 世纪 50 年代和 60 年代的民权运动为主题的单元。你期望学生能够达到以下学习目标：

- 理解"第二次重建"（the "Second Reconstruction"）及它对公民权利提升的意义。（NHS. USE9. 4. A.）

- 创建并使用年代表，用它比较发生在同一时期的相关事件的事态发展，分析和评价独特的时间、地点因素以及广泛的历史背景是如何影响历史事件的发生与发展的。（C3. D2. His. 1）

- 比较特定历史时期的生活和当今的生活，通过对一系列发生在各历史时期的历史事件和发展事例进行分类，来分析期间的变化与延续。（C3. D2. His. 2）

- 比较过去和现在人们持有的不同观点，解释与分析在不同历史时期，那些复杂且相互作用的因素如何影响以及为何会影响人们的观点。（C3. D2. His. 4）

- 解释和分析历史背景如何以及为何能影响人们观点的形成并对其产生持续的影响。（C3. D2. His. 4）

学生需要回答表2.1中的问题。

表2.1　核心性的好问题：民权运动

核心性	总揽类	什么是社会公平？ 什么是公民权利？ 什么是人权，如何确定人权？ 人们该如何维护自己的权利？ 一个人怎样才能有所作为？ 平等是需要政府赋予的权利，还是与生俱来的权利？
	综合类	如何创建并运用相关历史事件的年代表比较一定时期内发生的事件？ 时间、地点和历史背景这些因素如何影响历史事件的发生？ 特定历史时期的生活与当今的生活有什么区别？ 过去和现在人们的观点有何不同？ 在不同的历史时期，相互之间互相作用的因素为何会影响人们的观点，这些因素又是如何影响人们的观点的？ 如何通过对一系列发生在一定历史时期的历史事件和（或）发展事例进行分类，来分析期间的变化？ 为什么历史背景能使人们形成今天这样的观点，它又是如何使人们形成今天这样的观点的？
	专题类	在20世纪50年代到60年代的"第二次重建"时期，是如何处理和推进公民权利的？
	自驱类	你会如何创建一份编年文档，用来详述和解释以下内容： ● 民权运动的事端和后果 ● 由"第二次重建"的特定时间和地点因素导致的这些事件的形成路径 ● 这些事件对后续的公民权利问题造成的冲击和影响

浏览一下这些民权运动单元中核心性的好问题。请注意在表2.1中，总揽类问题是如何聚焦于客观的思想和主题的，综合类问题又是如何促进学生去查究思想产生和事件发生的历史与社会背景的。这些问题有助于培养学生的思维能力，发展更广阔的思想理念、更广泛的问题意识，扩展深层次的学科概念理解。专题类问题在*20世纪50年代和60年代"第二次重建"时期，是如何处理和推进公民权*

利的? 描述了期望学生应在多大程度上表明他们的学习深度。最后一个自驱类问题提示并引导学生创建一份详细记录"第二次重建"时期历史事件的编年文档,并说明事件发生的历史和社会的原因,及其对历史和社会产生的影响。以上这些好问题既是设置教学重点的至关重要的核心性问题,也是作为对学生学习的总结性评价。

核心性的好问题是做什么的

核心性的好问题聚焦重要的理念和关键的理解。在精准认知问题(CRQ)框架中,明确了与学习经验有关的核心性问题的四个子类别。

- **总揽类问题**专注于更为宏观和全局性的概念、问题、主题和议题。
- **综合类问题**聚焦在学科的核心思想上。
- **专题类问题**确定对一节课或一个单元的中心要点的理解。
- **自驱类问题**提示学生以自己的方式分享学习的深度。

请仔细看一下表 2.2 中核心性问题子类别的相关例子。

表 2.2　四种类型的核心性问题

核心性	**总揽类**	有哪些正在被关注的全局性的概念、问题或主题?
	综合类	学术材料中提出的核心思想和关键理解是什么?
	专题类	这节课的教学重点和总结性评价是什么?
	自驱类	你能创造、设计、开发、实施、计划或生成哪些可以反映你自身学习深度的方式?

另外,这些子类别的关注点就像是维金斯和麦克泰格(Wiggins & McTighe, 2005)所界定的,是"用来形容问题的*核心性*也有四种不同但有所重叠的内涵"(p. 108 - 109)。本文对于核心性问题的四个子类别的划分借鉴了维金斯和麦克泰格对于核心性问题的理解。总之,这些核心性问题为有意义的学习经验的获得提

供了基础,进而促进了学生的精准认知。接下来,让我们一起来看看,如何利用这些核心性问题来确定教学重点,并把它们用作一节课乃至于整个课程学习的总结性评价。

总揽类的核心性问题

总揽类的好问题让学生反思所有学科已被发现的有关伦理的、哲学的和存在的问题。维金斯和麦克泰格(Wiggins & McTighe,2005)这样描述总揽类问题:"它是指在我们一生中会重复出现的重要问题——范围很广……具有永恒的特质……永远都是有争议的……(而且)答案总是暂时的"(p.108)。正因为如此,这些问题为未来更深层次的思考奠定了基础。它们也不应只用于评价或检测,而是应该更多地被用于作为鼓励学生深入思考自己(和同学)的观点和看法的讨论提示。

考虑一下这个问题:什么是死亡?科学家、宗教领袖、律师、作家或者艺术家会如何应答这个问题?法律界、科学界和宗教界对死亡的定义有何不同?在应对这些难题的过程中,学生增强了自我意识,并对他们所居住的这个广阔的世界有了更深刻的理解。好问题让人明白考虑问题的方式不止一种。正如维金斯和麦克泰格(Wiggins & McTighe,2005)所说:"教育不仅仅是关于'答案'的学习,还要学习如何学习"(p.108)。

在教学生确定文章的中心思想或者主题时,总揽类问题能给到帮助。它提示学生深入思考一篇文学作品或说明文中所提及的普遍概念与问题。专题类问题则挑战学生去辩证地思考作品是如何处理特定议题的,以及如何引用作品中能够支持自己回答的具体证据。举个例子,假设专题类问题要求学生展示和说明洛伊丝·劳里(Lois Lowry)的小说《赐予者》(The Giver)是如何处理孤独、记忆的价值、选择、快乐与痛苦、年老以及共性与个性这些专题的?这些议题可以通过要求学生思考与评论孤独意味着什么;记忆的价值是什么;哪些因素会影响我们的选择;快乐与痛苦有什么区别;什么是年老;共性与个性之间的区别是什么等,来进行更深入的研究与探讨。以上列举的总揽类问题会拓宽学生对这些宏观概念与问题的认识,帮助他们更好地理解作品是如何论述主题,又是如何引用专题中的相关证据的。在本章后面部分,你可以看到表2.5(p.35),它是运用总揽类和专题类的核心性问题教授作家怀特(E. B. White)的小说《夏洛特的网》(*Charlotte's Web*)的一个实例。你也可以参考附录B中更多有关总揽类问题的举例。

综合类的核心性问题

综合类的核心性好问题指向"某一学科的核心思想和探究"(Wiggins 和 McTighe,2005,p.109)。这类问题通过"(强调)那些创造、交流和使用学科知识的人所拥有的专业知识和能力"(Shanahan & Shanahan,2012,p.7)来支持学科素养的发展。综合类的好问题聚焦在以下这些学科核心理念上:

- 某一学科的核心"大概念(big ideas)"。
- 公认的或已证实的学术领域核心内容的持久理解。
- 学术研究领域中的技术知识。

这些重要的思想和核心方法是超越了课堂学习范围的整个学科知识的核心部分。它们标识与衡量着什么才是真正在特定范围、学科、研究领域中的满腹经纶、技艺精湛。理想状态下,学生需要在其学习生涯中不断审视与思考类似这样的综合类问题。表2.3提供了指向不同学科核心思想的综合类好问题的实例。

附录C展示了如何将为升入大学及就业做好准备的学术标准中的表现性目标转换为专注于学科核心思想的综合类问题。这些核心性问题不仅适用于任何等级的水平,而且可以作为学科领域的基准内容和总结性评价。

表 2.3 跨学科领域的综合类问题

语文素养	• 听、说、读、写和语法、词汇之间有什么关系? • 如何通过口头、书面的方式,创造性地或技术性地表达,来传递思想和信息? • 文本和作者如何通过写作风格、语言词汇表达观点,或作者是如何进行创作的?

数学素养	• 什么是数学？ • 如何运用数学从定量、空间、统计的视角理解和分析数据、模型、函数，以及它们的测量、推理和相互关系？ • 如何将数学作为一种工具、一门语言和一种方法去传递数学知识和数学思维，并鼓励它的使用？
科学素养	• 什么是科学？ • 如何运用科学诠释我们的世界？ • 如何运用科学来解答人们源自于对日常经历的好奇而产生的问题？ • 如何运用科学描述、解释和预测自然现象？
历史素养	• 历史是对过去的一种怎样的描述与解释？ • 历史是如何为我们提供一种年代感，并帮助我们理解物质世界中的事件、人物和问题的？ • 社会、人民和国家的历史经验是如何揭示历史发展延续与变化的规律的？ • 如何基于证据研究历史？
社会研究素养	• 文化研究如何帮助检验社会信仰、价值观、制度、行为、传统及生活方式？ • 人、场所、团体、机构和环境相互之间有什么影响？ • 科学、技术和社会之间是什么关系？ • 成为一名对全球、国家和地方有贡献的社会成员，意味着什么？
艺术素养	• 艺术思想是如何形成并发展的？ • 艺术创意和作品如何被解读、呈现、实现和分享？ • 艺术如何传递创作意图？ • 艺术的理念、艺术的作品如何与个人意图、外部环境相关联？
健康素养	• 如何增进与提升健康水平？ • 如何规避或降低健康风险？ • 如何利用包括人际沟通、理性决策和目标设定在内的生活技能来提升身体健康水平？

专题类的核心性问题

专题类的好问题基于不同等级或具体学科的课程标准为学习设定了预期目标。考虑一下下面的教学场景，教学的内容是八年级数学的数系、表达式和方程式。

你正在教授一个有关有理数的主题单元，你期望学生能够达到以下学习目标：

- 知道"非有理数之实数即无理数"。 通俗地理解，每个数字都能有小数展开式；无限循环小数可以作为有理数的表现方式，将一个无限循环小数转化为有理数。 （CCSS. MATH. CONTENT. 8. NS. A. 1）

- 使用无理数的近似值来比较无理数的大小，在数轴上确定它们的大致位置，估算出表达式的值（如，π^2）。 （CCSS. MATH. CONTENT. 8. NS. A. 2）

- 使用平方根和立方根符号来分别表示方程 $x^2 = p$ 和 $x^3 = p$ 的解，其中 p 为一个正有理数。 求完全平方数的平方根和完全立方数的立方根的值。 知道 $\sqrt{2}$ 是无理数。 （CCSS. MATH. CONTENT. 8. EE. A. 2）

学生需要回答表2.4中的问题。

表 2.4　核心性的好问题：有理数

核心性	总揽类	• 如何由模式、方式、关系和系统来定义生活？
	综合类	• 如何运用数学从定量、空间、统计的视角理解和分析数据、模型、函数，以及它们的测量、推理和相互关系？ • 如何创建和运用数学表达式来组织、记录和运用数学思想？ • 如何表示数字？ • 数字和数系之间有什么关系？
	专题类	• 无理数是怎样的数字，它们的近似值如何用有理数来表示？
	自驱类	• 你会怎样使用无理数的有理数近似值做以下事项？ 　　—比较两个无理数的大小 　　—确定无理数在数轴上的位置 　　—估计出其代表的值（比如，π^2） • 你会怎样使用平方根和立方根符号表示方程 $x^2 = p$ 和 $x^3 = p$ 的解，其中 p 为一个正有理数？

请注意作为这个单元学习的脚手架，核心性问题如何引导学生从反思抽象的数学思想开始，到检验更广泛的对数系概念的理解，再到处理更具体的有理数和无理数的概念。专题类问题不仅确定了教学目标，而且可以用于评价学生学习的深度和广度。在单元学习的过程中，学生解答了作为实例的数学习题，也增强了他们对专题类问题的应答能力。

英语语言艺术学科的专题类问题，聚焦在课堂学习的具体、重点文本上。专题类问题还关注文本是如何处理核心观念和主题的，以及运用什么样的文风与文体来呈现信息。例如，针对一篇具体文学作品的专题类好问题，将挑战学生更有深度地去理解文本的核心观念、特定修辞和结构以及是如何表达思想的，并将他们的上述理解展示出来。思考下面的方案。

你正在教授作家 E. B. 怀特（E. B. White）的小说《夏洛特的网》（*Charlotte's Web*）中的内容，你期望学生能够达到以下学习目标：

- 确定文本的中心思想或主题，并分析其发展；概括关键的支持性细节与观点。（CCSS. ELA-LITERACY. CCRA. R. 2）
- 通过文本内容，分析在事情发展的过程中人物、事件或思想是如何及为何演变的，及其相互间的影响。（CCSS. ELA-LITERACY. CCRA. R. 3）
- 评价观点或视角是如何影响内容与文风的塑造的。（CCSS. ELA-LITERACY. CCRA. R. 6）
- 像整合与评价用文字表现的内容那样，整合并评价使用其他多种形式的媒介和方式呈现的内容，包括可视化的、量化的及口语化的。（CCSS. ELA-LITERACY. CCRA. R. 7）
- 使用有效的写作技巧、精心挑选的各种细节和结构适切的叙事顺序，写作分享真实经历或虚构事件的记叙文。（CCSS. ELA-LITERACY. CCRA. W. 3）
- 从文学作品或说明文中提取用以支持分析、反思和研究的证据。（CCSS. ELA-LITERACY. CCRA. W. 9）

学生需要回答表2.5中的问题。

表 2.5　核心性的好问题：夏洛特的网

核心性	总揽类	• 什么是友谊？
	综合类	• 如何确定小说的中心思想或主题？ • 小说的中心思想和主题是如何发展的？ • 在事情发展的过程中，人物、事件和思想是如何演变和相互影响的？ • 作者如何通过小说表达与分享观点？ • 作者的观点如何影响小说的内容、塑造小说的风格？ • 如何使用不同的媒介和方式整合呈现内容，包括可视化的、量化的、口语化的？ • 如何使用有效的写作技巧、精心挑选的各种细节、结构适切的叙述顺序来撰写分享真实经历或虚构事件的记叙文？
	专题类	• 作家 E. B. 怀特笔下的小说《夏洛特的网》是如何处理友谊的主题的，尤其是两个性格完全不同的主角之间的看似不太可能产生的友谊？
	自驱类	• 你能撰写出怎样的故事来讲述在两个性格完全不同的主角之间看似不太可能产生的友谊？

　　这些好问题引导学生获得更有深度的学习体验，帮助他们对阅读和写作如何促进学习有更深入的技术理解。在解答问题的过程中，学生们也拓宽了对这篇小说更深层次的思想和主题的思考——*什么才是友谊？* 综合类问题同样也设定了一节课或单元的教学目标。本课例的教学目标是阐释《夏洛特的网》是如何处理友谊的主题的，特别是两个主角之间看似不太可能产生的友谊。

　　在核心性问题的四个子类别中，专题类问题是直接针对不同年段或具体学科课程标准的问题。它也为学生提供了展示自身习得的知识深度和思维层级的机会。因为学生在回答专题类问题时需要进行深入的阐释，并提供具体的支持证据。

自驱类的核心性问题

　　自驱类问题要求学生以自己独特的方式分享他们的见解和习得。这些好问题挑战学生基于自身已有知识的深度，创造性、战略性地去思考他们可以创造、设计、开发、实施、计划或者生成什么。自驱类问题也鼓励学生通过以下这些主动学习的体验方式来进行探究：

- 基于项目的学习，促使学生通过口头的、书面的方式，创造性地或技术性地表达，来展示其学习深度。
- 探究性学习，让学生通过研究、检验和设计去深入钻研概念和内容。
- 基于问题的学习，挑战学生迁移和使用其所学知识来处理、安排、解决学术和现实生活中遇到的各种问题。
- 拓展性学习，鼓励学生检验其所学的学术概念在现实生活中是如何应用的。
- 服务式学习，促使学生利用自己所学回馈社会，为全球、所在国家和地区作出贡献。

以上这些教学方法和策略要求学生去展示和分享他们的专业知识或技能（即通过自身接受的教育和亲身经历得来的内化知识和个人技能）。它们还反映了学生被期望在现实生活中该如何通过设计项目、进行调查、解决问题和服务社会来迁移和运用他们的专业知识。让我们来看看核心性的好问题是如何将学生转变为某个领域或专题的专家的。

英语语言艺术、美术、视觉艺术

在英语语言艺术、美术和视觉艺术学科中，自驱类的好问题将学生从分析和评价文本的评论家转变为原创作品的创作者。思考下面的情景是如何鼓励学生表现自己的创造力的。

你正在教授有关历史题材的小说研究，你期望学生能够达到以下学习目标：

- 仔细阅读，明确文本的主要内容，并据此作出逻辑推断；在写作或演讲时引用具体的文本证据，以支持从文中得出的结论。（CCSS. ELA-LITERACY. CCRA. R. 1）

- 确定文本的中心思想或主题，并分析其发展；概括关键的支持性细节与观点。（CCSS. ELA-LITERACY. CCRA. R. 2）
- 评价观点或视角是如何影响内容与文风的塑造的。（CCSS. ELA-LITERACY. CCRA. R. 6）
- 分析两个或两个以上的多个文本，了解作者为建构各自的知识如何处理相似或相同的主题或观点，比较作者各自采用的处理方法。（CCSS. ELA-LITERACY. 9）
- 使用有效的写作技巧、精心挑选的各种细节和结构适切的叙事顺序，写作分享真实经历或虚构事件的记叙文。（CCSS. ELA-LITERACY. CCRA. W. 3）
- 开展一些短期的研究项目，利用多种资源解答一个问题；提出更多相关的问题供进一步研究和调查。（CCSS. ELA-LITERACY. CCRA. W. 7）
- 提供信息、结果和支持观点的证据，使听众能够理解推理逻辑，并使组织、发展和风格适合于任务、目标以及受众。（CCSS. ELA-LITERACY. CCRA. SL. 4）

学生需要回答表2.6中的问题。

表 2.6　核心性的好问题：历史小说

核心性	**总揽类**	• 作者如何以及为何分享他们的观点？ • 一段历史有多少个侧面？ • 真相是由什么构成的？ • 我们如何了解过去的生活？ • 历史可以教给我们什么，我们又可以从中学习到什么？ • 谁的"故事"可以成为历史？ • 历史是事实的如实描述还是特定的解释？
	综合类	• 如何确定文本的中心思想和主题？ • 文本的中心思想和主题是如何发展的？ • 作者的观点和视角如何影响小说内容与风格的塑造？ • 两个或两个以上的多个文本为建构各自的知识如何处理相似或相同的主题或观点？
	专题类	• 一个历史性的时间、地点、事件或人物的虚构描绘，和同一时期的历史叙述，如何可以成为理解历史的手段？
	自驱类	• 你可以创作出什么样的原创叙述性历史小说，并在真实与虚构的历史性时间、地点、事件或人物之间找到平衡？

请注意表 2.6 中（p. 37）专题类问题和自驱类问题之间的转换。专题类问题促使学生去评论他们正在阅读的历史小说作品。自驱类问题提供给学生机会，让学生利用在阅读和写作过程中所掌握的技术知识创作自己原创历史小说。通过解答自驱类的问题，学生更深入地理解了中心思想，特别是作者是如何以及为何写作和分享他们的观点的。

数学

自驱类的好问题挑战学生考虑如何在不同的学术和现实生活中运用数学，从而教会学生像数学家那样思考。这种思维方式的改变，将学生对数学的学习从只是培养学做抽象数学习题的能力，转变为发展能够运用数学解决实际的、可观察到的问题的理解数学的潜能。请思考下面的场景是如何吸引学生交流他们能用几何图形设计和创造出什么的。

你正在教授一个单元，其主题为：绘制、构建几何图形以及描述图形之间的关系。你期望学生能够达到以下学习目标：

- 解决涉及几何视图比例图的问题，包括依据比例计算图形实际周长和图形面积，以及根据不同比例复制相应的几何视图。（CCSS. MATH. CONTENT. 7. G. A. 1）
- 根据给定条件，绘制几何图形（徒手绘制、借助尺和量角器、电脑绘图）。重点是依据三角形三个角的度数或三条边的长度构建三角形。注意在什么情况下可以构建唯一的一个三角形；什么情况下可以构建多个三角形；什么情况下无法构建三角形。（CCSS. MATH. CONTENT. 7. G. A. 2）
- 描绘从三维立体视图中实线切割后形成的一个二维平面视图，例如正四棱柱和正四棱锥的水平截面。（CCSS. MATH. CONTENT. 7. G. A. 3）

学生需要回答表 2.7 中的问题。

表 2.7　核心性的好问题：几何学

核心性	总揽类	• 怎样描述和确定生活中物体的形状？
	综合类	• 如何对数学概念进行归类、区分、理解和交流？ • 如何分析二维平面和三维立体几何图形的特征和属性，为什么这样分析？ • 如何利用可视化技术、空间推理和几何建模来解决问题？
	专题类	• 如何构建几何图形，并描述图形之间的关系？
	自驱类	• 你会如何构建几何图形以及描述它们之间的关系？ • 你可以使用几何图形创作出什么样的设计、绘图或者模型，你如何解释所设计的图形之间的关系？

　　请注意自驱类问题是如何促使学生基于他们所学的几何图形的知识来创造、制作、创作一些成果的。自驱类问题也鼓励学生分享他们利用几何图形亲手创作的原创设计、绘图或模型，并解释他们创作的图形与原几何图形之间的关系。这样的练习促使学生去展示自己在数学领域的创造性思维，并在精准认知最综合的程度上交流其所学知识。

科学

　　科学学科中的自驱类问题让学生像科学家或工程师一样思考，从而支持 STEM 教育。这些好问题可以从表现性目标中提取出来，引导学生使用科学的方法或工程设计的过程来解释自然现象。比如说，你能够创立什么样的解释；你可以提供什么样的数据或证据；你可以开发和使用什么样的模型？考虑下面的场景。

　　你正在进行一个以物质及多种物质的变化、生成和反应为主题的单元教学。学生被期望达到以下学习目标：
- 开发用于描述简单分子及其延展结构的原子组成模型。（NGSS-MS-PS1-1）

- 分析和解释物质在发生反应前后物质性质的相关数据,以确定是否发生了化学反应。(NGSS-MS-PS1-2)
- 收集资料了解合成材料中的自然资源来源,以及它们对社会的影响。(NGSS-MS-PS1-3)
- 开发一个能够预测和描述热能增加或减少时质子运动、温度、纯物质状态变化的模型。(NGSS-MS-PS1-4)
- 开发并使用模型来描述在化学反应中原子的个数是不变的,因此质量是守恒的。(NGSS-MS-PS1-5)
- 承担一个设计项目,构建、测试和完善一个在化学反应过程中能释放或吸收热能的装置。(NGSS-MS-PS1-5)

学生需要回答表2.8中的问题。

表2.8 核心性的好问题:原子和分子结构

核心性	总揽类	• 如何创立和表征生命? • 模式中的形式与事件之间有什么关系? • 生命是怎样一种因果循环?
	综合类	• 宏观模式如何与微观模式结构和原子结构的本质相关? • 如何运用因果关系来预测自然现象或者经过设计的系统中的现象? • 如何使用模型来观察不同尺度下和不同系统中的时间、空间和能量现象,并判断以上这些是过大还是过小? • 基于原子的守恒,物质在物理过程和化学过程中是怎样保持守恒的,为什么会保持守恒? • 能量的转换是如何驱动物质的运动和循环的?
	专题类	• 如何解释物质的结构、属性及相互作用?
	自驱类	• 你会如何开发和使用一个模型来描述简单分子及其延展结构的原子组成? • 你会如何开发和使用一个模型去描述和预测当热能增加或减少时质子运动、温度和纯物质状态的变化? • 你能开发并使用哪一类模型来描述在化学反应中原子的个数是不变的,因此质量是守恒的? • 你能承担哪一种项目设计来构建、测试和完善一个在化学过程中能释放或吸收热能的装置?

请注意自驱类问题是如何直接与为升入大学及就业做好准备的标准中的表现性目标相关联,又是如何引导学生表达他们自身进行研究、调查和设计与科学家、工程师同样进行这些工作间的一致性。自驱类问题还拓展了学生关于科学和工程的知识面,更深入了解了这些领域的专家是如何研究和解释自然现象的。

历史和社会研究

好问题通过引导学生在表达他们对思想、事件和人物如何影响着世界的想法的过程中,教会他们像历史学家那样思考。考虑下面的情景如何让学生建立自己对"美国独立战争后的行动与决定的影响"的观点和结论。

你正在教授一个以美国独立战争之后国家和州级别政府的成立为主题的单元。你期望学生能够达到以下学习目标:

- 评价《西北法令》的重要性。 (NHS. USE3. 2. A. 4)
- 使用、组织和整合从多个相关的来源和解释中得到的证据,形成一个关于过去的连贯而合理的论证。 (C3. D2. His. 16)

学生需要回答表2.9中的问题。

表2.9　核心性的好问题:《西北法令》

核心性	总揽类	• 我们基本而又重要的自由和权利有哪些? • 政府是如何"失败"或者说政权是如何"倒台"的? • 我们为什么要研究过去? • 过去的历史对现在有什么影响?
	综合类	• 如何将历史性的事件分别归类为反映过去和当前变化的例子? • 如何使用、组织和整合从多个相关的来源和解释中得到的证据,形成一个关于过去的连贯而合理的论证?

专题类	• 《西北法令》是如何解决美国西北领土的管辖问题的? • 《西北法令》是如何制定有关地区何时和怎样取得国家地位的指导方针的?
自驱类	• 就《西北法令》对以下事项的影响,你能提出什么样的历史论据? 　—正式州的建立与增加 　—美国国籍的明确 　—州与联邦政府间的权力平衡 　—基本且重要的自由的明确定义 　—限制奴隶制 　—公共教育的规定 　—对美洲原住民的"最大诚信"条款

请考虑《西北法令》单元自驱类问题的精准认知。这类问题并不是让学生简单地报告事实或重复其他人的结论,而是鼓励学生利用可靠来源提供的信息,就这个文件的长期效果提出自己的观点。自驱类的好问题让学生通过评论观点与历史事件积极主动地学习历史,而不是重述别人的观点和结论。自驱类的好问题鼓励学生进行创造性思考,并分享基于自身在特定领域的知识进行创新、制作或创造的成果。

如何使用核心性的好问题进行教学

总揽类的好问题可作为各种学习体验的切入点。它们可以用来让学生参与课堂对话、小组讨论或日志提示。当提出总揽类问题时,教师必须强调自由表达观点远比正确回答问题更重要,但学生应该准备运用其所学知识或经验来捍卫他们的回答。

综合类的好问题适用于任何年级。这类好问题的数量取决于一节具体的课涉及到的学科领域核心思想的广泛度。利用这类问题可以评价学生关于某一学科的背景性知识。综合类的好问题还可以作为基准或总结性评价,用于标记和衡量学生在特定班级、年级或学科中累进或累积的学习情况。

专题类的好问题可以作为一节独立的课或整个单元的"书挡",用于设置教学目标并作为对学生学习的总结性评价。在一段学习经历开始时,提出这类问题,告诉学生在学习某一特定的文本或主题时所需达到的深度和广度。在结束某节课或单元学习时,用学生对这类问题的应答来评价学生的学习结果。不需要设置太多的专题类问题,只需要一、两个真正能够衡量学生学习深度和广度的问题即可。我们的目的是学生能够发展和展示更深层次的知识和思维,而不是给他们过多的负担。

自驱类的好问题可以引导学生使用所学知识创新、开发、制作、提出或创作出一些成果。成果可以是一个结论、一篇评论、一项设计、一个发明、一个模型、一份计划、一个项目、一个问题、一项服务、一份方案或者是一份反映他们学习深度的文本。自驱类的好问题应当始终让学生以自己独特的方式展示他们学习的深度和学习细节,这是追求精准认知的教学的最终目标。

结论

核心性的好问题的意图和目的是确定一节课或单元的教学目标及教学重点。同时也鼓励学生深入思考并分享他们学习的深度和广度。四种核心性问题能够挑战学生发展他们的广泛认知(总揽类问题)、概念理解(综合类问题)、学科知识(专题类问题)和个人专长(自驱类问题)。当这些好问题被一起使用时,它们将共同建立起一个深刻的、以学生为中心的学习体验,既积极又真实。

专业发展

> **如何研制出用于确定一节课或一个单元的教学重点,**
> **并服务于总结性评价的核心性的好问题**

目 标 ·········>

研制出核心性的好问题,用以确定教学重点,并作为对学习的形成性和总结性评价。

参考资料 ·········>

• 你所在的地区推行的为升入大学及就业做好准备的标准

- 你所在的学校采用的课程和教材
- 好问题和布鲁姆的教育目标分类学(表1.2)
- 好问题和韦伯的知识深度模型(表1.4)

步　　骤[①] ···>

1. 确定文中所涉及的更广泛的理念和课堂上要评述的主题。将这些观点框架转化为问题的形式填写在表2.10中总揽类问题内。

2. 明确将要被达成的锚定标准(英语语言艺术和美术学科)、标准和实践(数学学科)、交叉概念(科学学科)、学科理念(历史和社会研究学科)。将表现性目标改述为问题填写在综合类问题中。(使用表1.7 p.26改述表现性目标)

3. 从标准当中挑选出可以作为这节课或单元教学目标的内容。将表现性目标改述为询问*如何*、*为何*或者*什么原因*的问题,把它们填写在专题类问题中。这些问题将会作为一节课或单元的教学目标,并作为对学生学习的总结性评价。(使用表1.7 p.26改述表现性目标)

4. 从标准当中选择出需要学生动手操作的内容(比如应用、实施、建造、创造、设计、开发、制作、发现、发明、革新、修正、准备、呈现、生产、使用或书写)。利用表现性目标将这些内容以问题的形式呈现,比如你可以*创新、设计、开发、制作、计划或者创造出什么*;或者你*如何进行创新、设计、开发、制作、计划或创造*;把相关内容填写在自驱类问题中。这些自驱类问题将引导学生运用其所学知识进行创新、设计、制作或创造,能够反映学生学习的深度和广度。(使用表1.7 p.26改述表现性目标)

表2.10　核心性的好问题生成表

核心性	**总揽类** 提出了什么观点、问题、主题或议题?	
	综合类 这个学科将会被拓展的核心概念是哪些?	

----

① 研制问题需用到表1.7(p.26)。后面章节的研制步骤同样需要用到。

核心性	**专题类** 有哪些需要检验、探究和解释的关键理解?	
	自驱类 如何使用口头的、书面的方式,创造性的或技术性的表达,来深入、深刻且有独到见解地展示与交流深度学习?	

第三章

事实性的好问题如何为深度学习奠定基础？

你正在组织开展一项关于对作家埃德加·爱伦·坡(Edgar Allan Poe)进行研究的学习活动。 你期望学生能够达到以下学习目标：

- 确定文本的中心思想或主题，并分析其发展；概括主要的支持性细节与观点。 （CCSS. ELA-LITERACY. CCRA. R. 2）

- 分析文本的结构，包括具体的句子、段落和更大部分（如，一部分、一章、一幕或诗的一节）之间的相互关系，以及这些部分和全文之间的关系。 （CCSS. ELA-LITERACY. CCRA. R. 5）

- 分析两个或两个以上的多个文本，了解作者为建构各自的知识如何处理相似或相同的主题或观点，比较作者各自采用的处理方法。 （CCSS. ELA-LITERACY. CCRA. R. 9）

- 使用有效的写作技巧、精心挑选的各种细节和结构适切的叙事顺序，写作分享真实经历或虚构事件的记叙文。 （CCSS. ELA-LITERACY. CCRA. W. 3）

- 从文学作品或说明文中提取用以支持分析、反思和研究的证据。 （CCSS. ELA-LITERACY. CCRA. W. 9）

向学生提出表3.1中列出的问题，启动该项研究活动。

表 3.1　事实性的好问题：埃德加·爱伦·坡

事实性	什么是哥特式文学？ 谁是埃德加·爱伦·坡？ 埃德加·爱伦·坡曾经写过什么作品？ 埃德加·爱伦·坡什么时候开始撰写并出版了他的各类文学作品？ 哪些作品被公认为是埃德加·爱伦·坡的代表作？ 埃德加·爱伦·坡的小说和诗歌都有什么样的情节？ 埃德加·爱伦·坡的小说和诗歌中设置的大背景是什么？ 谁是埃德加·爱伦·坡的小说中的人物原型？ 在埃德加·爱伦·坡的小说中，哥特式原型的特征是什么？ 在埃德加·爱伦·坡的作品中，共同的理念、中心思想、象征意义和主题是什么？ 依据埃德加·爱伦·坡的《写作的哲学》，说说他的三大文学理论主张是什么？

通常，我们会在学生阅读完埃德加·爱伦·坡的某篇作品之后，或者在一节课或一单元内容结束之后，才向学生提问表3.1中的问题，用以评价他们对作品的理解。但如果我们在课程开始之前或者在学生阅读埃德加·爱伦·坡的作品之前就提出这些问题，又会怎样呢？或者如果我们是引导学生自己去研究他们需要知道的事实信息，而不是直接告诉他们，学生的学习结果又会有什么不同呢？

正如其名，事实性问题需要回答的是与文本或主题有关的事实。在传统的教学中，应对事实性问题的方式就如坎宁安（Cunningham，1987）所说的"做死记硬背的练习（exercises in rote memory）"，即考察学生是否能清楚地回忆所学的知识（p.71）。不过，在追求精准认知的教学中，事实性的好问题指向的是那些对于建立学生的背景性知识和批判性思维能力必不可少的信息。

事实性的好问题是做什么的

事实性的好问题聚焦于特定学术领域或学科内容的细节（Krathwohl，2002）。

这些追求精准认知的事实性问题，通过期望学生能正确回忆和再现由教师讲授或提供的文本中所呈现的特定信息，来解决布鲁姆的教育目标分类学（修订版）和韦伯的知识深度模型框架中较低层次的认知。（Anderson & Krathwohl，2001；Webb，2002；Hess etal.，2009a）

在传统教学中，事实性的好问题通常要求学生去记住、回忆和识别有关"何人（物）、何事、何地、何时"（who，what，where，or when）诸如此类的信息。在追求精准认知的教学中，事实性的好问题还可以作为实现深度学习的"踏板"（the launching pad）。这些问题都具有指导和评价作用，要求学生达到以下目标：

- 全面详尽地**定义**和**描述**词语和术语的含义。
- 切实准确地**阅读、复查和修改**文本中呈现的细节和观点。
- **识别、研究**和**检索**各类文本资料中的信息，用以作为证据支持和巩固学习。

在追求精准认知的教学中，事实性的好问题会挑战学生去识别与理解文本和主题中的核心信息，与单纯的记住与回忆相比，这实际上需要更高层次的认知能力。这类问题通常归类于知识深度第一层水平（DOK-1），要求学生能够回忆和重现相关的数据、定义和细节。这对学生来说还是有难度的，因为他们需要花费大量的时间和精力去准确地记忆接收到的大量信息。但在追求精准认知的教学中，对问题难度的确定很大程度上取决于学生需要花费多少时间和精力去阅读、研究以及记录他们通过释义、转录或者引用获得的信息。

不要误解我的意思，在追求精准认知的教学中，学生仍然需要记住和回忆其所学知识，事实性问题是用于评价与评价学生上述认知行为的一种有效手段。需要记住和回忆的是通过评价得到的知识，而不是采集到的所有。知识的获取包括阅读、研究和识别哪些是需要了解和理解的内容，并记录那些通过释义、转录和引用实例得到的信息。事实性的好问题的目的是引导学生获取和收集信息，并在此基础上把信息处理成更深层次的知识，达成对知识的深度理解。最终我们也是希望学生能够用自己独特的方式去更有洞察力地、更有深度地迁移和运用其所学知识。我们可以通过观察他们是如何使用他们具备的知识来解决和回答更复杂的问题的，来评价他们对所学知识熟悉和掌握的程度。

词汇知识及其发展

知识的分享是追求精准认知的教学中最重要的一个部分。这就要求学生对词语和术语的含义与用法有更深的理解。事实性问题期望学生去交流：这个词语意味着什么、"（这些词）如何相互联系（并创造了）让学生把新知识与先前学到的知识连接起来的知识网络"（Marzano & Simms，2013，p.5）。事实性问题也为学生提供了基础知识，当学生被要求展示诸如分类、推理和归纳等深层次思维时，他们可以借鉴那些知识（Anderson & Pearson，1984；Kintsch，1998；Kintsch & van Dijk，1978；Marzano & Simms，2013；Stahl & Stahl，2012）。思考在下面的实例中事实性的好问题如何通过要求解释与数学概念相关的不同术语，帮助学生发展与乘法有关的基础知识。

你正在教授一个用乘法来表示与解决问题为主题的单元。 你期望学生能够达到以下学习目标：

- 理解整数的积。 （CCSS. MATH. CONTENT. 3. OA. A. 1. ）
- 使用 100 以内的乘法和除法来解涉及到等分组、数组和测量阵列的文字题（如以图示或含未知数的方程式表现的题目）。 （CCSS. MATH. CONTENT. 3. OA. A. 3）
- 确定在一个有三个整数组成的乘法或除法方程式中未知数的值。 （CCSS. MATH. CONTENT. 3. OA. A. 4）

学生需要回答表 3.2 中的问题。

表3.2　事实性的好问题：乘法

事实性	理解是什么意思？ 确定是什么意思？ 表现是什么意思？ 乘法是什么意思？ 什么是整数？ 什么是乘法？ 什么是一道乘法题中的乘数？它在算式中的哪个位置上？ 什么是一道乘法题中的被乘数？它在算式中的哪个位置上？ 什么是一道乘法题中的积？ 什么是一道乘法题中的因数？ 什么是一道乘法题中的未知数？ 什么是等分组？ 什么是数组？ 什么是测量阵列？ 乘法的运算性质是什么？

请注意这些事实性问题是如何要求学生学习定义与乘法相关的不同领域或主题的特定学科术语的，尤其是它是什么；它是做什么的；它在哪个位置上等。这些问题还要求学生定义数学术语和其他课程中可能遇到的常见学术词汇（如理解、确定、应用）。这些问题也将挑战学生用自己的语言来定义和描述这些术语，而不是逐字逐句地照搬从课文中或老师那里得到的定义。本章后面部分，我们将讨论学生会如何处理和应答事实性问题。

精读文本

教师通常用事实性问题来评价学生是否理解了文本中基本的观点和细节，具体而言就是发生了什么；在哪里发生的；有哪些人参与等诸如此类的问题。这些问题通过引导学生识别和参考文本中的信息来支持他们的分析和论点，从而促进精准认知。思考下面的事实性问题是如何去激发学生引用两位著名的民权运动领袖的具体信息的。

你正在上一节比较马丁·路德·金（Martin Luther King Jr.）和马尔科姆·艾克斯（Malcolm X.）的哲学思想的课。你期望学生能够达到以下学习目标：

- 将一系列发生在各历史时期的历史事件和发展事例做分类，分析期间的变化。（C3. D2. His. 2. 6 - 1）
- 使用有关个人和群体引发的议题，来分析他们推动形成的变革被视为是具有历史意义的原因，评价他们的举措在不同时期和不同历史背景下的意义。（C3. D2. His. 3. 6 - 12）
- 解释为什么个人与群体受各种复杂且相互作用的因素影响，在同一历史时期的观点会有所不同。（NHS. USE9. 4. A. 4）
- 分析随着时间的推移，人们的观点如何与为何发生变化，以及历史背景如何持续影响人们观点的形成。（C3. D2. His. 5. 6 - 12）
- 分析马丁·路德·金和马尔科姆·艾克斯在民权运动中的领导力和思想，评价他们对后世的影响。（NHS. USE9. 4. A. 4）
- 确定文本的中心思想或主题，并分析其发展；概括关键的支持性细节与观点。（CCSS. ELA-LITERACY. CCRA. R. 2）
- 评价观点或视角是如何影响内容与文风的塑造的。（CCSS. ELA-LITERACY. CCRA. R. 6）
- 描述和评价文本的论述和具体主张，包括推理的合理性和证据的相关性、充分性。（CCSS. ELA-LITERACY. CCRA. R. 8）

学生需要回答表3.3中的问题。

表 3.3　事实性的好问题：马丁·路德·金和马尔科姆·艾克斯

事实性	谁是马丁·路德·金,他在民权运动中扮演什么角色? 谁是马尔科姆·艾克斯,他在民权运动中扮演什么角色? 马丁·路德·金和马尔科姆·艾克斯何时为争取民权倡导并发起了游行? 马丁·路德·金和马尔科姆·艾克斯对以下几个方面明确提出了哪些内容? • 为平等而斗争 • 白人在民权运动中的作用 • 一体化 • 暴力

　　事实性问题的回答高度依赖于文本,因为只有从特定来源中才能得到具体的细节用以回答这类问题。在上面的实例中,只有在马丁·路德·金和马尔科姆·艾克斯发表的讲话中才能找到他们有关为平等而斗争、一体化和白人在民权运动中的作用的观点。这些信息加深了学生对于文本中心思想的理解,同时为学生回答问题提供了依据。学生可以通过复述或者直接引用两位领袖演讲中的内容来回答上述事实性问题。

信息素养

　　学生必须发展如何获取、评价和使用其搜集到的信息的技能(Friedman, 2005; Trilling & Fadel, 2009; Wagner, 2014)。这些既是与研究相关的认知行为,也是学生们在日常生活中经常要使用的核心技能之一。事实性的好问题能够教会学生需要寻找哪些信息,以及如何从可靠的渠道获取所需的纸质的或电子的信息资源。思考一下下面这些事实性问题是如何鼓励学生去研究有关地球和太阳系的信息,而不仅仅是研究他们的老师或教科书所呈现的内容。

　　你正在教授一节主题为"重力在地球、月球、太阳和太阳系中其他天体的相互关系中起到的作用"的课程。 你期望学生能够达到以下学习目标：

- 研制并使用三球仪（model of Sun-Moon-Earth），用其模拟演示月球的盈亏、日食和月食，以及四季的交替等现象。 （NGSS-MSESS1-1）

- 开发和使用一个模型，用来描述重力在银河系和太阳系运动中的作用。（NGSS-MS-ESS1-2）

- 分析和解释相关数据，用以说明太阳系中物体的尺度特性。 （NGSS-MS-ESS1-3）

学生需要回答表3.4中的问题。

表 3.4　事实性的好问题：天文学

事实性	什么是天体？这些天体的位置在哪里？ 什么是银河系？在哪里可以发现它？ 什么是地球？ 什么是月球？ 什么是太阳？ 什么是月相？各种月相分别出现在什么时候？ 什么是季节？它们出现在什么时候？ 什么是日食？它发生在什么时候？ 什么是月食？它发生在什么时候？ 什么是重力？

　　这些好问题的教学目的是让学生去定义和描述在表现性目标中涉及的细节和术语。学生将这些问题输入在线搜索引擎，以获取他们所需的背景知识和文本证据，并用来帮助他们回答更复杂的问题。在获取答案的过程中，他们不仅需要抄录并改述他们收集到的信息，而且需要确定*哪些信息来源是可靠的*，以及*决定信息来源是否可靠的因素有哪些*（这是另一组好问题，可以作为本单元的一部分或作为单独的一节课来解决）。

　　事实性的好问题使得知识的获取变得更加积极和富有吸引力，因为它们促使学生通过研究和改写他们必须掌握的信息来寻求他们需要学习的知识。当学生在应答好问题时，他们会学习如何做到主动和独立自主，而不是被动地从教师那儿接受需要他们知道的内容。学生需要发展独立性，因为这将帮助他们在学术领域、专业工作及个人生活和社会生活中取得成功。

如何使用事实性的好问题进行教学

提出事实性的好问题能够将学生的注意力集中到获取和搜集一节课中最核心以及与主题最相关的信息上。在传统的课堂教学中，教师常会直接指出那些需要学生掌握的内容，以及可以从哪里获取这些信息，学生们便逐字重述这些内容。根植于精准认知原理的好问题，要求学生花费时间和精力去深入研究是谁、是什么、在哪里或什么时候。这些问题还挑战学生通过释义信息、转录或适当引用可靠来源的具体描述和细节，来准确、真实地分享信息。

思考下列好问题如何引导学生去研究那些必需的信息，以此来帮助他们全面理解第二次世界大战。

你正在教授一个关于二战的起因及其全球影响的单元。你期望学生能够达到以下学习目标：

- 理解第二次世界大战的起因及其全球影响。（NHS. WHE8.2）
- 理解从 1900 年到第二次世界大战结束这段时期内的全球主要趋势。（NHS. WHE8.5. A）
- 创建并使用历史年代表，用它比较发生在同一时期的相关事件的事态发展，分析和评价独特的时间、地点因素以及广泛的历史背景是如何影响历史事件的发生与发展的。（C3. D2. His. 1）
- 比较过去和现今人们持有的不同观点，解释每一组独特的历史因素如何影响不同历史时期人们的观点。（C3. D2. His. 4）。

- 解释并分析历史事件多样而复杂的起因和后果。（C3. D2. His. 14）
- 评价并发展历史论点，重点关注过去事件中各种原因的相对影响，并区分长期积淀原因和导火索事件。（C3. D2. His. 15）

学生需要回答表 3.5 中的问题。

表 3.5 事实性的好问题：第二次世界大战

事实性	什么是一场全面战争？
	什么是法西斯主义？
	什么是帝国主义？
	什么是专制或极权政体？
	什么是民族主义？
	什么是国家社会主义？
	什么是共产主义？
	什么是唯物主义？
	什么是孤立主义？
	什么是纳粹主义？
	第二次世界大战是什么时候发生的？具体事件的时间表是什么？
	在第二次世界大战期间，极权政权的意识形态、政策和执政方式是什么？
	谁是轴心国？哪些国家属于这个联盟？
	谁是同盟国？哪些国家属于这个联盟？
	同盟国的战时目标和战略是什么？
	第二次世界大战中的关键人物和领导者分别是谁？

表 3.5 中的问题要求学生学习大量的事实性信息。在追求精准认知的课堂上，我们不会要求学生去回忆所有的事实性信息。相反，提问的目的是鼓励学生阅读和研究他们所需要的用以解决更复杂问题和针对这节课形成他们历史论据的背景性知识。对这些问题的回答应该是释义性陈述或适当引用来自可靠信源的转录，而不是直接从印刷或电子页面复制。记录和改述这些信息，不仅可以帮助学生正确记忆具体的细节和正确的事实，而且也能鼓励学生批判性地思考如何清晰、全面并且创新性地分享这些信息，以供日后评介。

教师也可以使用事实性问题，通过让学生"频繁接触词汇、在多种语境中接触以及对单词进行深度或主动的加工"（McKeown，Beck，& Apthorp，2010，p. 1；quoted in Marzano& Simms，2013，p. 10）来教授词汇。

思考下列的事实性问题如何促使学生精确地解释与几何图形体积测量相关的术语。

你正在教授一个有关体积的理解的单元。 你期望学生能够达到以下学习目标：

- 了解体积是立体图形的一个属性，理解体积测量的概念。
  （CCSS. MATH. CONTENT. 5. MD. C. 3）
- 用单位立方体计算体积，使用立方厘米、立方英寸、立方英尺，及其他单位等。 （CCSS. MATH. CONTENT. 5. MD. C. 4）
- 把体积与乘法和加法的运算形式联系起来，解决现实生活中和数学中涉及到体积的问题。 （CCSS. MATH. CONTENT. 5. MD. C. 5）

学生需要回答表3.6中的问题。

表 3.6 事实性的好问题：体积

事实性	什么是体积？ 什么是一个单位立方体？ 什么是立方体的边长？ 什么是一个立方单位？ 什么是正四棱柱？ 什么是正四棱柱的边长？ 指数为 3 的乘方是什么？ 什么是加法？ 公式 $V = L \times W \times H$ 是测量什么的？在什么情况下可以使用它进行运算？ 公式 $V = B \times H$ 用来测量什么的？在什么情况下可以使用它进行运算？

请注意在表3.6中的问题如何针对第一条表现性目标要求学生回答两个"什么"的问题——什么是体积;体积测量的概念是什么。为了达到后续标准中的认知要求,学生必须能够回答几个更具事实性的问题——什么是一个单位立方体;什么是一个立方单位。学生需要用这些信息来测量体积。同时也被挑战用自己的语言来改述这些定义,从而展示与表达他们对这些术语的深刻认识与真正理解。学生可以借助于文本或教师提供的例子来巩固与支持他们的回答。

为了解决现实生活中的问题,学生也必须了解学习中一些术语词汇(比如加法)的定义,和类似于正四棱柱、指数为3的乘方、边长这样的特定学科术语。学生还需要理解具体的测量体积的公式($V=L \times W \times H$ 和 $V=B \times H$)以及什么情况下可以使用这些公式。明确地教授这些词汇和术语,能够使学生对解决算法问题和应用题所需知识产生清晰的理解。鼓励学生用自己的语言来记录和报告这些信息,并利用文本中的例子和习题作为佐证。

在学习诸如历史、科学和社会研究这类内容驱动的学科时,学生往往被期望能够定义和描述学术标准或课程规定中要求他们辨识的术语和主题。思考如何基于下列内容驱动的学术标准提出事实性的问题。

你正在教授一个生态系统的相互作用、能量和动力的单元。 你期望学生能够达到以下学习目标:

- 分析和解释数据,提供在生态系统中可利用的资源对生物体和生物种群产生影响的证据。 （NGSS-MS-LS2-1）
- 构建一个预测多种生态系统中生物间相互作用模式的解释。 （NGSS-MS-LS2-2）
- 开发一个可以描述生态系统中生物和非生物间能量流动和物质循环的模型。 （NGSS-MS-LS2-3）
- 构建一个由实验支持的论据，用以证明生态系统中物理或生物成分的变化对

种群数量的影响。（NGSS-MS-LS2-4）

- 评价维持生物多样性和生态系统服务的竞争性设计方案。（NGSS-MS-LS2-5）

学生需要回答表3.7中的问题。

表 3.7　事实性的好问题：生态系统

事实性	什么是生物体？ 什么是生态系统？ 什么是生态系统的结构？ 在一个生态系统中，生物体和生物种群可利用的资源有哪些？ 什么是生态系统的物理和生物成分？ "生物的"是什么意思？有哪些关于生态系统中生物特征的实例？ "非生物的"是什么意思？有哪些关于生态系统中非生物特征的实例？ 存在与维持生态系统运转的物质和能量的不同形式有哪些？

请注意在生态系统这个单元中，事实性的好问题如何要求学生去研究课程标准中涉及到的相关主题和表现性目标中的认知要求。此外，也请关注本单元的事实性问题与之前第二次世界大战、重力的作用单元事实性问题的相似之处。这些问题挑战学生使用课程中提供的可信资源，或鼓励他们寻找其他可靠的信息来源，以获得所需的核心信息，进而发展和展示他们对这些信息的深刻认识和真正理解。

教师提问是学生学习经历中不可或缺的一部分，在这些提问中，事实性问题的提出、呈现与评测是最简单的。这类问题也是最容易回答的，因为它们主要是针对所学内容的一些具体细节、要素和相关术语等提出的，在文本中可以找到答案。我们可以使用事实性问题来确定学生需要识别与理解的核心信息和具有重要意义的内容。当然，我们还可以使用这类问题来教学生如何通过阅读和研究来收集和获取信息，这也是他们以后为升入大学及就业做好准备必备的两项基本技能。

结论

提问事实性的问题已经成为评价学生学习的一种标准方法。提问事实性的好问题能够扩展学生的知识，拓展他们的思维，而不是简单地回忆他们所学过的"东西"。教师可以在一节课的开始阶段运用事实性的问题来评价学生的背景性知识。在学习的过程中，提出这类问题能检测学生对所学内容的理解程度。而在学习的收尾阶段，这些好问题也能让教师来评价学生对关键内容的记忆情况。事实性的好问题能够提示学生他们真正掌握知识所需的知识深度。

专业发展

如何研制事实性的好问题

目　　标 ·········· ⟩

研制出事实性的好问题，这些问题可以引导学生收集、研究和检索他们需要深入思考的概念和内容的基本信息。

参考资料 ·················· ⟩

- 你所在的地区推行的为升入大学及就业做好准备的标准
- 你所在的学校采用的课程和教材
- 好问题和布鲁姆的教育目标分类学（表 1.2）
- 好问题和韦伯的知识深度模型（表 1.4）

步　　骤 ·························· ⟩

1. 确定在一节课或一个单元的学习中所涉及的那部分课程标准、文本和主题。

2. 明确在标准或课程中，学生必须学会定义或描述的学术词汇和特定主题的术语。将这些词汇和术语填入表格 3.8 中行标为**词汇知识**的一行相应栏中。

3. 明确文本中学生必须识别与理解的具体细节和要素，将这些详细资料恰当填写在表 3.8 中行标为**精读文本**一行**常用疑问词、词组或短句（HOT STEM）**栏中，与恰当的疑问词、词组或短句(如：是谁、是什么、在哪里、在什么时候)组合。

4. 明确学生需要了解、研究和检索的能用以支持他们认知与思考的核心信息和有重要意义的内容。将这些信息填写在表3.8中行标为**信息素养**一行**常用疑问词、词组或短句（HOT STEM）**栏中，与恰当的疑问词、词组或短句(如：谁是、什么是、在哪里、在什么时候)组合。

5. 将这些问题列在**精准认知问题框架（the Cognitive Rigor Question Framework①）**的事实性问题部分。

表 3.8　事实性的好问题生成表

任务	高阶思维	常用疑问词、词组或短句	知识深度模型情境
词汇知识	定义 描述 解释 确定 理解	什么是 它是什么意思?	
精读文本	识别 阅读 评论	是谁 是什么 在哪里 在什么时候	
信息素养	研究 检索 记录 参考	谁是 什么是 在哪里 在什么时候	

---

① 附录 A。

第四章

分析性的好问题如何深化知识与思维?

你正在教授一个关于力与运动的单元。 你的学生被期望做下列事情：

- 运用牛顿第三定律（Newton's Third Law）设计一个涉及两个物体碰撞产生的运动问题的解决方案。 （NGSS-MS-PS2-1）
- 计划一个调查，用以证明物体运动的变化取决于物体所受的所有外力的总和与物体本身的质量。 （NGSS-MS-PS2-2）
- 提出有关数据的问题，用以确定影响电磁力大小的因素。（NGSS-MS-PS2-3）
- 使用构建起来的证据来呈现论据，用来支持物体之间相互作用产生作用力，作用力的大小取决于相互作用的物体的质量的观点。 （NGSS-MS-PS2-4）
- 实施一项调查，并评价实验设计： 提供证据证明即使物体没有相互接触，相互之间的作用力也依然存在。 （NGSS-MS-PS2-5）

你的学生将会回答表 4.1 中分析性的好问题。

表 4.1　分析性的好问题:力与运动

分析性	如何以及为何可以预测物体的持续运动、运动变化,或其稳定性? * • 如何运用牛顿第三定律(Newton's Third Law)来解决涉及两个物体碰撞产生的运动问题? • 为什么物体运动的变化取决于物体所受的所有外力的总和与物体本身的质量? • 如何确定电磁力的大小? • 为什么物体相互作用能产生作用力,这些作用力的大小又如何取决于相互作用的物体的质量? • 相互作用力如何存在于物体之间,即使这些物体之间并没有接触? * 也可以作为一个专题类的核心性问题使用。

请注意这节课的表现性目标如何促使学生通过开发模型、实施调查以及建构有说服力的论据去交流他们的学习的深度。然而,在学生分享他们的探究结果之前,他们需要发展一种更深层的概念理解,即不同类型的力和相互作用会影响物体的运动和稳定性。

现在请看表 4.1 中基于标准的好问题。注意它们是如何通过从那些基础的是谁、是什么、在哪里和在何时的询问过渡到促进更深层理解的——如何以及为何可以解释一个物体的持续运动、运动的变化或其稳定性的询问来拓展学生的思维,从而提升精准认知。这些问题也促使学生从获取他们需要知道或理解的信息过渡到解释不同的自然事件和现象的更深层的问题。这是学习过程中的一大步,也正是分析性的好问题的意图所在。

分析性的好问题是做什么的

分析性的好问题能够教会学生思考,不是指思考是什么或怎么样去思考,而是指深度地思考他们正在学习的内容。这类问题关注认知,允许学生将信息加工成学科知识(或像专业人员或专家那样的应对能力)。

分析性问题和由其引发的精准认知能够提示学生做下列的事情:

• **检验**含义或信息是什么;意图或目的是什么;推断、暗示或象征的是什么。

- **试验**如何以及为何可以使用某概念或方法来回答问题、解决问题、完成任务。
- **解释**如何基于特定的标准,对某一观点、事件、人物或问题进行区分、特征描述或归类。

这些都是 21 世纪为升入大学及就业做好准备所必须的精准认知思维过程。这些深入思考的技能引导学生去检验数据、定义、细节、事实和公式背后的内涵。它们也鼓励学生去理解文本的意图,并进行分析推断。与回答基本的事实性问题相比,回答分析性的好问题能够增强学生的思维能力,使他们转向运用这些更深层次的知识去调查现象和解决问题。这类好问题能够深化学生以下领域的知识与理解。

内容知识与概念理解

精准认知的重要目标之一,是让学生将他们获得的大量信息处理和转换成为可以理解和易于管理的更深层次的知识与思维。提问分析性的好问题对于这个过程至关重要,因为这些问题能够促使学生"看到信息中更大的内在结构,看到信息中蕴含的观点和与其伴随着的观念、理论之间的关系"(Conley,2005)。通过回答分析性问题,学生将会发展和展示以下内容:

- **内容知识**　用以通过区分、归类、归纳以及使用规则、模型和理论来解释情境(如,如何将信息加工成知识和思维)。
- **概念理解**　或者如何以及为何可以使用事实和数字去发现隐藏在数据、定义、细节及陈述事实背后的含义和意义。

分析性问题让学生去探索如何以及为何不同的模型和理论可以被用来"呈现对于一个复杂的现象、问题,或者主题的清楚、全面、系统的看法"(Anderson & Krathwohl,2001,p.51)。学生也被鼓励去质疑他们所学概念和内容背后的内涵与思维。分析性的好问题(表 4.2)能够挑战学生去展示和讲述内容知识和概念理解。

程序性知识和可迁移知识

安德森(Anderson)和克拉斯霍尔(Krathwoh)(2001)将程序性知识定义为关于如何用学生正在运用的特定学科或标准的算法、公式和方法去做某件事的知识。与精准认知相关的学习目标，要求达到的是超越知道和展示*如何*使用程序，去分析和讲述为*何*程序可以在不同的环境和情境下使用的学习层级。这就是需要发展的可迁移知识。不管怎样，知道和展示如何使用程序，只是成功的一半。精准认知也期望学生去检验、试验和解释怎样以及为*何*可以使用不同的程序，来获得特定的答案、成果或结果。更深入的分析和对程序的深入解释将会帮助学生发展在特定领域或学科中的可迁移知识和个人的专业知识。

表4.2展示了事实性问题和分析性问题之间集中在深化程序性理解方面所引发的精准认知上的差异。

请注意表4.2中的事实性问题是如何要求学生详细描述特定程序的。而基于回答所要求的具体细节，分析性问题则大多数将会被标明为知识深度第二层水平(DOK-2)或知识深度第三层水平(DOK-3)。比如说，学生被期望去解释如何使用这个程序(DOK-2)，或解释这个程序怎样才能被使用(DOK-3)。对于这类问题的解释取决于所要求回答的情境和需要作答的程度。

表 4.2 事实性的好问题与分析性的好问题

事实性的好问题	分析性的好问题
埃德加·爱伦·坡(Edgar Allan Poe)的创作哲学是什么？	埃德加·爱伦·坡(Edgar Allan Poe)是如何在自己的作品中表达他的创作哲学的？
什么是现代主义？	现代主义是如何通过艺术和文学反映19世纪末和20世纪初西方社会的思想和理念的？
什么是字母原则(alphabetic principle)？	字母原则是如何解释通过字母排列将口语转化为书面语这一问题的？
等式的性质是什么？	等式的性质是如何决定方程的等价性的？

续表

事实性的好问题	分析性的好问题
什么是数学中的格(lattice mathematics)？	怎样才能够用数学中的格(lattice mathematics)来确定多位数的积？
什么是物理学定律？	物理学定律如何能够解释自然事件和现象？
什么是牛顿第二运动定律(Newton's Second Law of Motion)？	牛顿第二运动定律(Newton's Second Law of Motion)是如何控制一个受力物体的运动的？
达尔文的进化论(Darwin's Theory of Evolution)是什么？	基于达尔文理论的生物进化模型，怎样解释现存的物种是如何通过自然选择的机制从早期物种进化而来的？
什么是庞纳特方格(Punnett Square)？	庞纳特方格(Punnett Square)是如何显示和预测遗传模式与概率的？
什么是碰撞理论(collision theory)？	碰撞理论(collision theory)是如何提供一个定性模型来解释化学反应的速率的？
什么是元素周期表(Periodic Table)？	元素周期表(Periodic Table)是如何将化学元素基于下面的标准进行分类的？ ● 原子数 ● 电子结构 ● 化学性质
什么是欧姆定律(Ohm's Law)？	欧姆定律(Ohm's Law)是如何解释通过导体两端的电流与导体两端的电压成正比的？
君主制的各种属性是什么？	君主制的各种不同属性有何区别？
有哪些不同的民主意识形态？	不同的国家是如何采用他国的民主意识形态的？
什么是供求规律？	供求规律如何解释市场中的定价？

　　分析性问题也可以促进学生策略性地思考如何以及为何可以使用程序来得出一个具体的答案或结果。思考下列情境是如何引导学生在使用位值原理和运算性质解决数学问题时参与交流程序性知识的。

你正在教授一个关于使用位值原理和运算性质来进行多位数运算的单元。 你的学生被期望展示或交流下列事情：

- 自信地使用标准算法进行多位数整数的加减法。 （CCSS. MATH. CONTENT. 4. NBT. B. 4）
- 使用基于位值原理和运算性质的策略，计算一个万以内的整数乘以 1 位数的整数，以及两个 2 位数相乘的乘法。 通过使用方程、矩形阵列和（或）面积模型，示例和解释计算的过程。 （CCSS. MATH. CONTENT. 4. NBT. B. 5）
- 通过使用基于位值原理、运算性质和（或）乘除法关系的策略，找出万以内的被除数与 1 位数除数相除的整数商和余数。 通过使用方程、矩形阵列和（或）面积模型，示例和解释计算的过程。 （CCSS. MATH. CONTENT. 4. NBT. B. 6）

你的学生将会回答表4.3中的好问题。

表 4.3 分析性的好问题：多位数运算

	理解位值原理和运算性质如何可以用来进行多位数的运算？ *

分析性	• 使用标准算法,如何能够进行多位整数的加减运算？
	• 使用基于位值原理和运算性质的策略,如何计算一个万以内的整数乘以 1 位数的整数乘法？
	• 使用基于位值原理和运算性质的策略,如何计算出两个 2 位数相乘的积？
	• 使用下面的策略,如何计算出万以内的被除数与 1 位数除数相除的整数商和余数？
	  -基于位值原理的策略
	  -运算性质
	  -乘除法之间的关系
	• 使用下面的内容,可以如何示例和解释计算？
	  -方程
	  -矩形阵列
	  -面积模型
	* 也可以作为专题类的核心性问题使用。

考虑一下对这节课的预期和对于学生超越展示解决问题所需的程序性知识进行思考的期望。学生必须回答关于*如何*的问题。因此，这节课的分析性问题也可以作为专题类的核心性问题，要求学生解释位值原理和运算性质，然后解释如何能够使用这些数学概念去进行多位数的运算。个体标准的表现性目标促使学生参与解释如何能够使用方程、矩形阵列和（或）面积模型来进行计算。这是学生必须交流的知识深度和可迁移知识，因此，课堂中的具体课程必须支持他们给予回应。

真实素养（authentic literacy）

在第三章中，我们讨论了事实性的好问题如何引导学生反复仔细阅读文本来辨识核心信息，并通过做下列事情，鼓励学生进行批判性思考：

- **概括**文本的含义和所要传递的信息是什么。
- **解释**文本的意图或目的是什么。
- **确定**文本及其各个部分的推论或暗示是什么。
- **解构**文本和作者如何以及为何传递思想和信息。

（McConachie et al.，2006；Schmoker，2011；Vacca，2002）

这些都是必须与施莫克（Schmoker，2011）对真实素养的定义相关联的认知行为，即对所学内容更深层的、有目的的阅读、写作、思考和讨论。真实素养鼓励学生超越文本所讲内容进行思考，更专注于分析是什么和怎么样的问题，以及文本所呈现的方式。思考下列分析性的好问题是如何让学生去批判性地思考《独立宣言》(*The Declaration of Independence*)中阐明的原则。

>

你正在教授与《独立宣言》的原则和目的相关的内容。你的学生被期望交流或展示以下事项：

- 理解《独立宣言》中阐明的原则。（NHS. USE3. 1. B）

- 根据史料本身的信息推断所指受众和目的，基于它们的制造者、日期、来源地和目的来评价史料对开展具体历史研究的有效性。（C3. D2. His. 9. 3 - 12）

- 仔细阅读，明确文本的主要内容，并据此作出逻辑推断；在写作或演讲时引用具体的文本证据，以支持从文中得出的结论。（CCSS. ELA-LITERACY. CCRA. R. 1）

- 分析文本的结构，包括文本中具体的句子、段落和更大部分（如，一部分、一章、一幕或诗的一节）之间的关系，以及这些部分和全文之间的关系。（CCSS. ELA-LITERACY. CCRA. R. 5）

- 评价文本中的论述和具体主张，包括推理的合理性和证据的相关性、充分性。（CCSS. ELA-LITERACY. CCRA. R. 8）

- 通过有效的选择、组织和内容分析，撰写清晰、准确地验证和传递复杂想法与信息的应用文或说明文。（CCSS. ELA-LITERACY. CCRA. W. 2）

- 从文学作品或说明文中提取用以支持分析、反思和研究的证据。（CCSS. ELA-LITERACY. CCRA. W. 9）

- 运用语言知识，了解在不同情境下的语言功能，对语言的意义或风格做出有效的选择，并在阅读或聆听时更充分地理解语言。（CCSS. ELA-LITERACY. CCRA. L. 3）

你的学生将会处理表4.4中的分析性问题。

表4.4 分析性的好问题:《独立宣言》

分析性	《独立宣言》是如何表达殖民地居民的不满的？* ●《独立宣言》的意图是什么？ ●《独立宣言》的含义和信息是什么？ ●《独立宣言》代表了什么？ ●《独立宣言》如何处理下列主题：自由、独立、暴政、民主、不可剥夺的权利？ ●《独立宣言》的理想主义的、合法的、实用化的风格和基调是怎样的？ ●《独立宣言》的起草和结构是如何强化它的信息和目的的？

续表

分析性	• 《独立宣言》是如何结合不同的行业、结构、写作和语言，来传递它的意图和目的的？ • 殖民地居民是如何在《独立宣言》中强调他们的关切的？ • 怎么样以及为什么要将《独立宣言》写成类似于正式的法律性文件？ • 从公开的"美利坚合众国十三个州一致通过的宣言"（The Unanimous Declaration of the thirteen United States of America）中可以推断出什么？ • "我们认为这些真理是不言而喻的：人人生而平等，造物者赋予他们若干不可剥夺的权利，其中包括生命权、自由权和追求幸福的权利。"这段话意味着什么，从中可以推断出什么？ • 《独立宣言》宣称权利"不可剥夺"，从中可以推断出什么？ • 为什么《独立宣言》直接提及"大不列颠国在位国王"，然后在诉说他们的每一个抱怨时，说的是"他"已经做的事情，而不是"大不列颠国和它的人民"？ • 为什么这份文件在历史上和现在一直持续保持着相关性和永恒性？ *也可以作为专题类的核心性问题使用。*

这堂课不是要求学生展示对于什么是《独立宣言》的基本理解。其目标是让学生去分析这个历史文件的意图，分享他们对有关文件含义和信息的观点。通过解决这些分析性问题，促使学生们去精读文本，并从中作出逻辑性的推断。

分析性的好问题也能够促使学生参与对文本的中心思想和主题，以及作者如何起草和构建文本来呈现他们的观点等问题的更加深入的分析和讨论。考虑下列分析性的好问题是如何引导学生参与对某特定文学小说作品的中心思想和主题的文学分析的。

你正在教授关于纳撒尼尔·霍桑（Nathaniel Hawthorne）所写的《红字》（The Scarlet Letter）一书的内容。你的学生被期望做下列事情：

• 确定文本的中心思想或主题，并分析其发展；概括关键的支持性细节与观点。（CCSS. ELA-LITERACY. CCRA. R. 2）

- 通过文本内容，分析在事情发展的过程中人物、事件或思想是如何及为何演变的，及其相互影响。（CCSS. ELA-LITERACY. CCRA. R. 3）
- 评价观点或视角是如何影响内容与文风的塑造的。（CCSS. ELA-LITERACY. CCRA. R. 6）
- 分析两个或两个以上的多个文本，了解作者为建构各自的理解如何处理相似或相同的主题或观点，比较作者各自采用的处理方法。（CCSS. ELA-LITERACY. CCRA. R. 9）
- 通过有效的选择、组织和分析内容，撰写清晰、准确地验证和传递复杂想法与信息的应用文或说明文。（CCSS. ELA-LITERACY. CCRA. W. 2）

你的学生将会处理表4.5中的好问题。

表 4.5 分析性的好问题：纳撒尼尔·霍桑（Nathaniel Hawthorne）的《红字》（The Scarlet Letter）

分析性	《红字》如何体现出个人主义和浪漫主义的共同中心思想、风格和主题，又是如何对清教主义的信念和理想进行批判的？* • 作者是如何在《红字》中表达对于清教文化和社会的看法的？ • 《红字》是如何处理愧疚、责备和罪恶的主题的，它是如何通过小说中四个主要人物实现带有成见的、宗教的、心理的和社会的感知的？* • 在《红字》这本书中,纳撒尼尔·霍桑暗示了清教文化的哪些缺陷和伪善？ • 红字代表了什么？ • 在故事发展的过程中,它的象征意义是如何变化的？ • 纳撒尼尔·霍桑如何用红字的象征和四个主要人物来批判清教徒世界,质疑他们的信念和惩罚是否是公正的？ • 在这本书中,纳撒尼尔·霍桑如何表述在清教徒世界中妇女的角色和待遇？ • 为什么说在《红字》中,纳撒尼尔·霍桑对于清教徒和他们文化的再现,既是一项观察又是一种批判？ • 小说开头部分的前言《习俗小屋》（Custom-House）一文的目的是什么？ *也可以作为专题类的核心性问题使用。

请注意这些分析性问题是如何促进学生超越是谁、是什么、在哪里或在何时的层面去看待问题，从而批判性地思考文本是如何处理特定思想和主题的。这些问

题也激发学生去思考文本的含义和作者要表明的观点(在这个案例中,是指霍桑对清教文化的批判)。通过回答这些分析性的好问题,学生也被鼓励去理解文本的中心思想和主题,以及文本的结构是如何直接地和间接地传递作者的观点的。

如何使用分析性的好问题进行教学

分析性的好问题也可以作为核心性问题,用来设置一节课或一个单元的教学重点与总结性评价。这些问题直接来源于为升入大学及就业做好准备的标准中的表现性目标,这也是为什么综合类、专题类的问题总是问如何和为何的原因(本章第二部分:内容知识与概念理解,具体解释了核心性的好问题与分析性的好问题之间的关系)。

让我们来看看分析性问题是如何设置教学重点,并作为每个内容领域的总结性评价的。

英语语言艺术、美术和视觉艺术

分析性的好问题使学生从识别文本中的关键思想和细节转向理解和分析下列内容:

- 思想、人物和信息是如何以及为何发展的?
- 文本如何以及为何能被起草和建构?
- 知识和思想如何以及为何能被整合和呈现?

这些好问题能够衡量文学和艺术领域中追求精准认知的教学质量。这些问题鼓励学生批判性地看待他们正在阅读的作品,思考作者如何引发特定读者的反应。分析性的好问题能够拓展学生对于包括以下问题的理解:

- 文本如何处理中心思想或主题?
- 文本的意图和目的是什么?
- 文本的视角或观点是什么?
- 从文本中呈现的关键细节和思想中可以做出什么样的推断?

分析性的好问题也能够挑战学生去批判性地思考以下内容:

- 文本如何使用语言和文字的惯例来支持作者的视角、观点和目的?
- 文本如何通过使用多样化的媒介和形式来建立、整合、呈现知识与思想?
- 文本如何能被清晰地、全面地和创造性地呈现、创作和出版?

数学

在数学课程中,分析性的好问题让学生去深度思考数学如何以及为何可以被用来回答问题、解决难题和完成任务。这些好问题实现了教学重心从"做数学"到解释如何以及为何可以通过应用数学的事实、概念、运算和程序来解决问题的转变。考虑以下数学深度学习的经历:

你正在教授一个关于在先前对于乘除法的理解的基础上,拓展学习分数除法的内容的单元。 你的学生被期望去:

- 解释和计算分数的商,解决涉及到分数和分数相除的数学应用题(如,使用可见的分数模型和方程去呈现一个问题)。 (CCSS. MATH. CONTENT. 6. NS. A. 1)

你的学生将会用数学习题作为支持回答的文本证据来处理和应答表4.6中的问题。

表 4.6　分析性的好问题:分数

分析性	两个不同的分数为什么可以是相等的,有相同的值,尽管它们有不同的分母?* • 当分数 a/b 被说成等于分数(n×a)/(n×b)时,是什么意思? • 如何通过创建公分母或分子来比较两个分子和分母不同的分数? • 如何使用基准分数来比较两个分子和分母不同的分数? • 为什么只有当参考同一整数时,两个分数间的比较才是有效的? • 如何使用符号>、=或<来表示比较的结果? • 如何使用可见的分数模型,求证实和验证比较的结果与结论? *也可以作为专题类的核心性问题使用。

表4.6中的分析性的好问题能鼓励学生深入钻研他们正在学习的数学内容,交流他们可以如何将乘除法的先前知识应用到分数的除法中去。这些要求设定了教学重点,并可作为总结性评价。在这个单元的学习过程中,学生可以检验规则$(a/b) \div (c/d) = ad/bc$的含义,以及涉及到分数除法的应用题可以如何使用可见的分数模型和方程来呈现与解决。

学生仍然需要证明他们可以按照数学的要求解答习题,不管怎样,这些习题可以作为文本证据,来支持他们计算分数的商以及如何运用这种知识来解决数学和现实生活中各种跨情境问题的解释。这些好问题可以深化学生的实践性数学知识,帮助学生建立关于如何使用数学概念、运算和程序来解释答案和结果的策略性理解。

科学

应用于科学的分析性的好问题关注科学模型、原理和理论如何以及为何可以被用来研究自然界的现象、解决相关的问题。考虑下列分析性的好问题如何引导学生去检验波的模型和性质。

你正在教授一个关于波的性质的单元。 你的学生被期望交流或展示:

• 开发一个可以引起物体移动的波的模型,描述其振幅和波长。 (NGSS‐4‐PS4‐1)。

你的学生将会处理表4.7中的好问题。

表4.7 分析性的好问题:振幅和波长

分析性	波可以如何用振幅和波长来描述,并引起物体的移动?* • 波的性质和运动有什么特征?

续表

分析性	<ul><li>同类型的波在振幅(波的高度)和波长(波峰之间的间隔)上有何不同?</li><li>波是一种怎样的重复运动模式,没有物质的整体位移却能将能量从一个地方传递到另一个地方?</li><li>为什么波的波长和频率取决于波正穿过的介质?</li><li>依赖于波的相对位置(如,波峰和波谷),波如何以及为何能在它们相互交汇时相互补充或相互抵消?</li><li>为什么波在交汇时可以互相不受彼此影响而出现呢?</li><li>波如何可以与其他同类型的波相互结合来产生可以被接收装置解码的复杂的包含信息的模式?</li><li>波如何能不靠物质的主体运动来转移能量和任何编码信息?</li><li>波如何能在长距离的传递中保持不变,不受干扰地通过其他波,并被离波源较远的地方检测到和解码?</li><li>人的耳朵和大脑如何共同协作来探测和区分能解码声音的信息模式与杂音?</li><li>共振是如何在所有乐器的设计和人类嗓音的发声中被使用的?</li><li>当波从一个比自身波长短的物体中穿过时,为什么不会受到太大影响?</li><li>科学家和工程师如何可以通过理解波的性质和电磁辐射与物质的相互作用,设计系统来进行远距离信息传输、信息存储,并从多角度去探究自然?</li></ul>*也可以作为专题类核心性问题使用。

请注意第一个问题是如何设置教学重点和充当总结性评价的。紧接着的一系列问题也要求学生去检验波如何以及为何引起物体的移动,解释由振幅和波长决定的波的模式。这些随后的分析性问题驱动学生对波的模式和性质展开持续的科学检验。回答这些好问题促进学生对这些原理进行更深度的理解,支持对相关知识的迁移与使用。

结论

分析性的好问题真正体现了精准认知的概念,因为它们挑战学生去理解和分析*如何和为何*的问题。他们也期望学生不仅要知道知识和展示知识,而且要分析和阐述概念和程序如何以及为何可以被用来回答问题、解决问题和完成任务。对这些问题的处理和回答将加深学生对概念和内容的理解。这也有助于学生发展可迁移知识和个人专业知识,他们可以用这些来回答与他们所学的概念和内容相关的*任何*问题、处理*任何*问题、完成*任何*任务,或分析*任何*文本与话题。请记住,除了使用疑问词、词组或短句,鼓励学生去策略性地、广泛地检验和解释概念和内容的程度也能促进精准认知。

专业发展

如何研制分析性的好问题来深化知识与思维

目　　标 ·········⟩

基于为升入大学及就业做好准备的标准的表现性目标来研制分析性的好问题,使其能够挑战学生去深度地思考他们所学的文本或者主题。

这是对第二章关注研制核心性的好问题的专业发展的一种延伸。

参考材料 ············⟩
- 你所在的地区推行的为升入大学及就业做好准备的标准
- 你所在的学校采用的课程和教材
- 好问题和布鲁姆的教育目标分类学(表 1.2)
- 好问题和韦伯的知识深度模型(表 1.4)

步　　骤[①] ··················⟩

1. 确定将在一节课或一个单元的学习中所涉及的那部分学术标准、文本和主题。

2. 明确期望学生展示的认知行为。选择符合这类认知要求的常用疑问词、词组或短句。

3. 描述将要检验、试验、解释的概念或程序。把它记录在表 4.8 中的常用疑问词、词组或短句前后。

———————————

① 结合表 1.7(p. 26),后同。

4. 选择可以用来设置一节课或单元教学重点，并作为总结性评价的问题。将这个问题改写为这个单元的专题类的核心性问题。使用其他源于标准的问题作为在这个单元内将要解决的补充性精准认知问题。

a. 数学： 改述粗体标注部分[1]为分析性的好问题，将其设置为这个单元的教学重点，并作为该单元的总结性评价。这将会是这个单元的专题类的核心性问题。将粗体标注句下面的标准改述为分析性的好问题，据此为单元内的每节课设置教学重点和总结性评价。

b. 英语语言艺术： 选取列在"关键思想和细节"（Key Ideas and Details）下的某条标准，据此设置教学重点和总结性评价。改述表现性目标为一个分析性的好问题，使这个问题能够专门针对文学作品或说明文的阅读和评论。将其他的阅读标准转换为分析性的好问题，使其能够引导学生精读文本并对文本作出真实的回应。

c. 科学： 将为升入大学及就业做好准备的标准中的表现性目标改述为分析性的好问题，这些问题能够让学生去检验、解释、试验标准中的科学概念和实践。（注：下一代科学教育标准（Next Generation Science Standards）包含了分析性的好问题，能够作为一个单元的专题类好问题。）

d. 历史/社会研究： 改述粗体标注部分为分析性的好问题，将这些问题设置为教学重点，并作为总结性评价。将粗体标注句下面的标准改述为分析性的好问题，据其设置单元内的每节课的教学重点和总结性评价。

e. 美术/视觉艺术： 将为升入大学及就业做好准备的标准中与这门学科相关的表现性目标改述为分析性的好问题，使这些问题能够专门针对文学作品或说明文的阅读和评论。选择其中的一个分析性的好问题来设置教学目标，并作为阅读和复习指定文本的总结性评价。将其他标准转换为分析性的好问题，使这些问题能引导学生去精读文本，对视觉的、戏剧的或音乐的表现和创作作出真实的回应。

表 4.8　分析性的好问题生成表

检验、试验、解释	如何	
	为什么	

---

[1] 结合表 1.7（p.26），后同。

续表

程序性知识	如何	运作	
	如何	可以被用来	
	为什么	运作	
	为什么	可以被用来	
概念性知识		分类是什么？	
		特征是什么？	
		区分是什么？	
		区别是什么？	
		表明了什么？	
		相似点是什么？	
		差异是什么？	
真实素养		意图是什么？	
		目的是什么？	
		文本可以推测出什么？	
		含义是什么？	
		信息是什么？	
		代表什么？	
		作者提出了什么建议？	
		象征什么？	
		是什么基调？	
		作者的目的是什么？	

第五章

反思性的好问题如何拓展知识与思维?

你正在教授一个关于美国南北战争时期的文化、宗教和社会改革运动的起源和特征的单元。 你的学生被期望展示和交流下列事情:

- 理解美国人为何致力于变革社会, 进而创造一种独特的文化。 (NHS. USE3. 4. B)
- 确定文本的中心思想或主题, 并分析其发展; 概括关键的支持性细节与观点。 (CCSS. ELA-LITERACY. CCRA. R. 2)
- 评价观点或视角是如何影响内容与文风的塑造的。 (CCSS. ELA-LITERACY. CCRA. R. 6)
- 分析两个或两个以上的多个文本, 了解作者为建构各自的理解如何处理相似或相同的主题或观点, 比较作者各自采用的处理方法。 (CCSS. ELA-LITERACY. CCRA. R. 9)
- 通过有效的选择、组织和分析内容, 撰写清晰、准确地验证和传递复杂想法与信息的应用文或说明文。 (CCSS. ELA-LITERACY. CCRA. W. 2)
- 开展短期或长期的基于所关注问题的研究项目, 在调查研究中展示对学科的理解。 (CCSS. ELA-LITERACY. CCRA. W. 7)

- 从文学作品或说明文中提取用以支持分析、反思和研究的证据。
（CCSS. ELA-LITERACY. CCRA. W. 9）

你的学生将会回答表5.1中的好问题。

表 5.1 反思性的好问题：19 世纪的美国历史

反思性	• 历史和文学两者之间有什么联系？ • 第二次大觉醒(the Second Great Awakening)及其主要领导者的思想在下列方面对美国社会和文化有何影响？ 　–政治 　–理想 　–哲学 　–艺术和文学 • 第二次大觉醒(the Second Great Awakening)对以下方面有什么影响？ 　–超验主义 　–公共教育 　–妇女选举权 　–废除黑奴制度 　–商业主义 • 是什么导致了 19 世纪早期超验主义的崛起？ • 清教徒对超验主义运动有什么影响？ • 是什么引起了美国的文艺复兴(the American Renaissance)？ • 19 世纪早期乌托邦实验的原因和结果是什么？ • 是什么导致了超验主义运动的终结？ • 拉尔夫·沃尔多·爱默生(Ralph Waldo Emerson)和亨利·戴维·梭罗(Henry David Thoreau)之间的关系是什么，他们对彼此及对超验主义运动有什么影响？ • 根据爱默生(Emerson)的观点，超验主义和理想主义之间有什么联系？ • 梭罗(Thoreau)在《瓦尔登湖》(Walden)中拒绝唯物主义和从众心理的原因是什么？ • 爱默生(Emerson)和梭罗(Thoreau)的著作在个人、社会和文化方面对过去和现在有哪些影响？

　　本单元的教学重点在于美国内战时期的文化、宗教、社会改革运动的起源与特征。学生们要接受挑战，去检验超验主义的两位关键领袖拉尔夫·沃尔多·爱默生

(Ralph Waldo Emerson)和亨利·戴维·梭罗（Henry David Thoreau)的著作如何影响和巩固了美国社会和文化,以及第二次大觉醒(the Second Great Awakening)。

注意这节课的反思性好问题如何促进学生去拓展他们关于历史与文学的关系的思考,并去探索超越传统 K-12 教育的总揽类的核心性问题。因为这些问题要求学生深度地思考他们如何能利用所学内容来增强思维、解决问题、完成任务,所以也就能够引发学生的精准认知。

反思性的好问题是做什么的

反思性的好问题教会学生分析为什么,并鼓励他们在做下列事情时,能够进行自我评价与反思:

- **探究**知识为什么可以被用来研究现象和解决问题。
- **调查**原因、联系和结果。

这些都是认知性过程,涉及到由布鲁姆和韦伯（Hess,2013)概述的计划、推理与高阶思维过程的整合。它们之所以被称为具有反思性,是因为它们要求学生不仅要去分析,而且要去评价为什么——更确切地说,是去探索和反思在关系和结果背后隐藏的原因是什么。它们也鼓励学生超越教师、文本,甚至是所呈现的话题去进行更深入地挖掘。给学生提供机会让他们去拓展他们的思考,这不仅能拓宽他们的理解,而且能挑战他们去综合他们的教育与经验,使之成为专业知识。

反思性的好问题的目标是促进学生提出尽可能多的证据和例子来拓展他们的知识和思维。思考表 5.2 中的反思性的好问题如何给学生提供机会,让学生就课堂所学文本和话题进行更深入的调查。

注意表 5.2 中的表现性目标是如何设定了学生去识别或列出特定的回答的范围,而反思性的好问题又是如何促进学生去深入探讨这些话题的。反思性问题通过要求学生去反思原因、联系、起因和后果,从而拓展了学生的知识和思维。

与精准认知相关的反思性问题更多关注知识深度的拓展与表达。事实性问题要求学生关注获得事实性知识。分析性问题要求学生发展和展示概念性知识和程序性知识。反思性问题强调拓展知识与思维,去研究现象、解决问题,策略性地、广泛性地去思考关于为什么——更确切地说,原因、关系、结果和影响是什么。让我们来看一看反思性的好问题是如何帮助学生拓展关于所学文本和话题的知识和思维的。

表5.2　基于表现性目标研制反思性的好问题

具体的表现性目标	反思性的好问题
列出马克·吐温(Mark Twain)选择写《哈克贝利·弗恩历险记》(*The Adventures of Huckleberry Finn*)这部讽刺小说的3个原因。	马克·吐温(Mark Twain)选择写《哈克贝利·弗恩历险记》(*The Adventures of Huckleberry Finn*)这部讽刺小说的原因是什么?
确定可以得出两个数彼此相除的商的4种方式。	有哪些方式可以得出两个数彼此相除的商?
确定水对地球上的生命非常重要的5个原因。	地球上的生命如此依赖于水的原因有哪些?
确定防止或者减少森林滥砍滥伐的6种方式。	可以防止或者减少森林滥砍滥伐的方式有哪些?
列出导致经济大萧条的7个原因。	是什么导致了经济大萧条?
确定导致环境污染的8个原因。	是什么导致了环境污染?
列举酒精对身体的9个影响。	酒精对于身体有什么影响?
确定新媒体和技术正在从政治上、社会上、经济上、职业上、地理上和学术上改变人类、社会和文化的10种方式。	新媒体和技术对人类、文化和社会的以下领域,已经产生了哪些影响? ● 历史上 ● 政治上 ● 社会上 ● 经济上 ● 职业上 ● 地理上 ● 学术上

策略性知识

强调策略性知识的反思性问题专注于解释*为什么*的问题:为什么是这个答案,为什么是这个成果,为什么是这个结果。这些问题以分析性问题为基础,通过将学生的注意力集中在为*什么*信息能被使用这一层面,而不是*如何*使用信息,来处理概念性和程序性知识。在这种情境下,*为什么*是更加具有评价性的,因为学生被要求去澄清答案背后的原因。考虑下列场景是如何促使学生去策略性地思考为什么可以使用数学函数来解释相关成果和结果。

你正在教授一个关于定义、评价和比较函数的单元。 你的学生被期望做下列事情:

- 理解函数是一种规则,每一个输入值都有一个与之准确对应的输出值。 函数图像是输入值与其对应输出值组成的序对集合。 (CCSS. MATH. CONTENT. 8. F. A. 1)
- 比较按照不同方式呈现的两个函数的特性(代数、图形、数值表,或者通过口头描述)。 (CCSS. MATH. CONTENT. 8. F. A. 2)
- 解释方程 y＝mx＋b 为线性函数的定义,其图像为一条直线;给出不是线性函数的例子。 (CCSS. MATH. CONTENT. 8. F. A. 3)

你的学生将处理和回答表 5.3 中的好问题。

表 5.3　反思性的好问题:函数

反思性	• 一个函数中的输入值和输出值之间有什么关系? • 输出值的大小取决于输入值的大小的原因是什么? • 一个函数的每一个输入值都有唯一准确的输出值与之对应的原因是什么? • 方程 y＝mx＋b 可以解释为一个线性函数,其图像是一条直线的原因是什么? • 非线性函数的输出值是什么?

仔细审视一下表5.3中的标准。绝大多数的预期都是非常明确的。然而,它们确实促进和鼓励学生去质疑为什么——更确切地说,原因是什么。理解函数的规则,包括理解原因是什么。比较用不同方式呈现的函数的特性,解释线性方程和非线性方程,并举出它们的例子,这些能够促使教师引导学生去澄清原因是什么。思考第一条标准中的部分,"函数图像是输入值与其对应输出值组成的序对集合"。它要求学生去质疑、探索为什么或原因是什么。反思性问题要求学生策略性地思考,使用推理去澄清为什么一个实践、原理或者过程可以被用来得出一个确切的答案、想要的成果或特定的结果。

关注原因的反思性问题也可以超越既定的学习目标和表现性目标,来拓展学生的知识与思维。例如,数学的表现性目标经常挑战学生去做数学题,但更期望他们去探索为什么会得到特定答案的关键问题。提问反思性问题能够实现这个结果。

深度知识

反思性问题把学生从研究是谁、是什么、在哪里和什么时候,转移到调查原因、效果、影响和结果上,这些问题关注获得可以在多种情境中运用的深度知识(Walkup & Jones,2014)。思考下列反思性问题如何拓展学生关于文艺复兴(the Renaissance)时期西欧文化转型的知识。

你正在教授一个关于文艺复兴(the Renaissance)的单元。你的学生被期望做下列事情:

- 分析活字印刷技术创新的社会意义和对知识传播的意义。(NHS. WHE6. 2. B. 1)

- 解释意大利文艺复兴和欧洲阿尔卑斯山北部人文主义思想的发展之间的联

系。（NHS. WHE6. 2. B. 2）

- 评价 16 世纪欧洲的文学、音乐、绘画、雕塑和建筑等方面的主要成就。
（NHS. WHE6. 2. B. 3）

- 解释科学革命（the Scientific Revolution）和它之前的诸如希腊理性主义、中世纪神学、穆斯林科学、文艺复兴时期的人文主义以及新全球化知识之间的联系。（NHS. WHE6. 2. D. 1）

- 解释启蒙运动（the Enlightenment）和它之前的诸如罗马共和主义、文艺复兴和科技革命之间的联系。（NHS. WHE6. 2. E. 1）

你的学生将会处理和回答表 5.4 中的好问题。

表 5.4　反思性的好问题：文艺复兴（The Renaissance）

反思性	• 文艺复兴对过去和现在产生的全球性影响有哪些？ • 是什么导致了民众、社会和文化的变革？ • 意大利文艺复兴和欧洲阿尔卑斯山北部人文主义思想的发展之间有什么联系？ • 文艺复兴的主要成就在以下方面有什么影响？ 　－科学 　－文学 　－音乐 　－绘画 　－雕塑 　－建筑 • 文艺复兴、科技革命和启蒙运动之间有什么联系？ • 活字印刷技术的创新对社会、对知识传播，在西欧产生了哪些影响？

反思性问题也促进并鼓励学生去探索和评价在具体的学科领域和跨学科中概念与内容之间的联系。它们指导学生围绕他们在一门学科中学到的概念和内容为何或是什么原因可以被用于解决、回答不同学术和现实生活中的情境、议题、问题和情况展开探索。

相关知识

反思性问题开阔了学生超越课程和课堂的视野，要求他们去展示下列内容：

- **全球意识：** 识别与理解全球范围内的思想、事件、人物和问题,以及如何果断地、实事求是地、谨慎周到地处理它们。
- **金融素养：** 识别与理解经济在社会中的角色,以及如何做出最佳的个体的与专业化的选择。
- **公民素养：** 识别与理解政府在社会中的角色,以及如何参与并做出合理的公民决定。
- **健康素养：** 识别与理解国家和国际的公共健康与安全问题,以及如何做出与健康相关的最佳预防措施。
- **环境素养：** 识别与理解环境,以及如何恰当地处理环境的挑战。
- **数字媒体素养：** 识别与理解可利用的数字化资源,以及如何更广泛地获取、评价和使用这些技术。(21 世纪学习技能研究委员会,Partnership for 21st Century Learning,2015;Trilling & Fadel,2009)

这些被认为是"与我们时代的关键议题和问题相关的跨学科的 21 世纪主题"(Trilling & Fadel,2009,p. 83)。反思性问题能够结合这些主题,帮助学生建立学校所教授的文本与话题的相关性。它们要求学生去评价在更大的范围内,观点和信息之间的相互联系、作用、影响和关系。

反思性问题也使得抽象的概念变得更加具体,并让学生从他们从未考虑过的角度来进行思考,从而拓展思维。思考下面的场景是如何引导学生去调查自然灾害的影响的。

你正在教授一个关于自然灾害的单元。 你的学生被期望做下列事情:
- 分析并解释自然灾害的数据,预测未来的灾害性事件,利用技术的发展来减轻影响。 (NGSS-MSESS3-2)
- 应用科学原理设计一个可以监测人类对环境的影响并使该影响最小化的方

法。（NGSS-MSESS3-3）

- 提出问题,以澄清在过去一个世纪里导致全球气候变暖的因素的证据。（NGSS-MSESS3-5）

你的学生将会被期望去处理和回答表5.5中的好问题。

表5.5　自然灾害

反思性	<ul><li>自然灾害形成的原因和造成的影响有哪些?</li><li>自然灾害的发生被认为是随机或者非随机的原因有哪些?</li><li>自然灾害的发生与人类活动之间有什么联系?</li><li>自然灾害不能被准确预测的原因有哪些?</li><li>人类仍定居在自然灾害频发区的原因有哪些?</li><li>自然灾害对过去和现在的科学、工程和技术的发展有哪些影响?</li><li>自然灾害的发生与全球气候变化之间有什么联系?</li><li>是什么导致了上个世纪全球气候变暖?</li><li>在过去一个世纪里,全球气候变暖产生了哪些影响?</li></ul>

请注意这些反思性问题如何超越学科视角,去拓展学生关于自然灾害的知识,鼓励他们解释有关自然灾害和全球变暖之间联系的不同推论。

如何使用反思性的好问题进行教学

如前所述,反思性问题促使学生超越教师或者文本所呈现的观点和信息去探索。让我们来看看反思性的好问题是如何跨各种课程领域去帮助学生拓展知识和思维的。

英语语言艺术、美术和视觉艺术

反思性的好问题,如表5.6中所示,结合相应的事实性和分析性问题,能够促使学生拓展关于什么激发了作家、艺术家和音乐家去创作文学、艺术和音乐作品的知识和思维。通过解决这些问题，学生发展了对于这些文本的影响力、对于这些创作者分享他们观点和看法的独特方式的更深刻的理解。

表 5.6 事实性、分析性和反思性问题：一种比较

事实性问题	分析性问题	反思性问题
• 什么是恶作剧故事？	• 恶作剧故事中的动物角色是如何教授以下内容的？ －民间智慧 －人的天性 －适当行为	• 恶作剧故事对儿童故事和卡通片刻画动物形象有什么影响？
• 什么是神话？	• 神话故事怎样处理以下主题： －英雄的旅程和探索 －美 －爱 －命运 －战争 －自负、野心、狂妄和骄傲的危险 －善良的褒奖 －为恶的报应 －自相残杀	• 古代文化与社会的神话对现代故事的叙述和人生观产生了哪些影响？
• 谁是埃德加·爱伦·坡（Edgar Allan Poe）？	• 埃德加·爱伦·坡（Edgar Allan Poe）的小说是如何处理下列主题的？ －死亡 －爱与恨 －自我与他我 －疯狂与理性	• 埃德加·爱伦·坡（Edgar Allan Poe）的小说对下列体裁的作品产生了什么影响？ －侦探神秘小说 －恐怖小说 －科幻小说 －诗歌

事实性问题	分析性问题	反思性问题
● 谁是埃德加·爱伦·坡 (Edgar Allan Poe)?	-疯狂与逻辑 -妇女的理想形象 -痴迷 -好奇心 -逝者对于生者的影响 -希望与绝望 -人类的动物本性	-文学评论
● 什么是莎士比亚 (Shake-spearean)戏剧?	● 莎士比亚喜剧有什么特点? ● 莎士比亚悲剧有什么特点?	● 威廉·莎士比亚(William Sh-akespeare)的戏剧在历史上和当下对下列领域产生了哪些影响? -戏剧 -艺术 -文学 -音乐 -行为和观点
● 马克·吐温(Mark Twain)是谁?	● 马克·吐温的写作风格有什么特点?	● 马克·吐温对于讽刺和社会批判在历史上和现今产生了哪些影响?
● 佛兰西斯·史考特·基·菲茨杰拉德(F. Scott Fitzgerald)所著《了不起的盖茨比》(The Great Gatsby)的情节是什么? ● 佛兰西斯·史考特·基·菲茨杰拉德所著《了不起的盖茨比》的背景是什么? ● 佛兰西斯·史考特·基·菲茨杰拉德所著《了不起的盖茨比》中有哪些角色?	《了不起的盖茨比》是如何处理下列主题的? -社会和阶级 -爱 -美国梦 -迷惘的一代 -财富 -旧货币与新货币 -记忆 -孤立 -道德 -婚姻与爱情	● 什么影响了佛兰西斯·史考特·基·菲茨杰拉德去创作《了不起的盖茨比》? ● 是什么原因致使《了不起的盖茨比》被认为是对以下领域的社会评论? -美国梦的堕落 -社会的分层 -迷惘的一代 -实利主义与财富 -不道德与颓废

续表

事实性问题	分析性问题	反思性问题
• 什么是反乌托邦科幻小说？ • 什么是审查制度？ • 雷·道格拉斯·布莱伯利（Ray Bradbury）所著《华氏451度》（*Fahrenheit 451*）的情节是什么？ • 乔治·奥威尔（George Orwell）所著《1984》的情节是什么？	• 在《华氏451度》中，雷·道格拉斯·布莱伯利对于审查制度与隐私保护提出了什么建议？ • 在《1984》中，乔治·奥威尔对审查制度与隐私保护的推断是什么？ • 《华氏451度》与《1984》在处理审查制度与隐私保护问题的方式上有哪些相似之处？	雷·道格拉斯·布莱伯利的《华氏451度》和乔治·奥威尔所著《1984》被视为反乌托邦科幻小说的原因是什么？
• 列奥纳多·达·芬奇（Leonardo da Vinci）是谁？	• 列奥纳多·达·芬奇是如何设计和创作以下绘画作品的？ -《蒙娜丽莎》（*Mona Lisa*） -《最后的晚餐》（*The Last Supper*） -《维特鲁威人》（*The Vitruvian Man*）	• 列奥纳多·达·芬奇和他的作品对以下领域的研究在历史上和现今产生了哪些影响？ -艺术 -建筑学 -解剖学 -动物和植物学 -数学 -科学 -景观和地质学 -宗教
• 路德维希·范·贝多芬（Ludwig von Beethoven）是谁，他的交响曲有哪些？	• 贝多芬的交响曲与其他人的作品有什么区别？	• 贝多芬和他的交响曲对音乐创作和表演在历史上和现今产生了哪些影响？
• 什么是叙事诗？ • 什么是抒情诗？	• 把一首诗归类为叙事诗的依据是什么？ • 把一首诗归类为抒情诗的依据是什么？	• 叙事诗和抒情诗在历史上和现今分别对歌曲创作产生了哪些影响？

数学

反思性问题能够促使学生转变学习数学的视角，从实验数学可以*如何*被使用，转变到探索数学*为什么*可以被使用。这些问题促进学生运用自上而下的逻辑去分析和证明他们的答案。思考下面的场景是如何促使学生使用推理和证明来评价概率模型的。

你正在教授一节关于调查机会过程以及概率模型的发展、使用与评价的课。 你的学生被期望去做下列事情：

- 理解随机事件的概率是在 0 到 1 之间的数值，表示事件发生的可能性。数值越大，表明发生的概率越大。概率在 0 左右表示事件发生的可能性很小，概率在 1/2 左右表明事件可能会发生也可能不发生，概率接近 1 表示事件发生的可能性很大。（CCSS. MATH. CONTENT. 7. SP. C. 5）
- 通过收集机会过程的相关数据，观察其长期相对频率，来估计随机事件的发生概率，并基于概率预测近似相对频率。（CCSS. MATH. CONTENT. 7. SP. C. 6）
- 建构一个概率模型，用来计算事件的发生概率。将模型得出的概率与观测频率作比较；如果一致性不理想，解释差异的可能性来源。（CCSS. MATH. CONTENT. 7. SP. C. 7）
- 使用有组织的列表、表格、树形图和模拟来计算复合事件的发生概率。（CCSS. MATH. CONTENT. 7. SP. C. 8）

你的学生将会被期望去处理和回答表 5.7 中的好问题。

表 5.7 反思性的好问题: 概率

反思性	• 一个事件中两个或两个以上多个结果必须要有同样的可能性才能确定理论概率的原因有哪些? • 理论概率与实验概率的区别是什么? • 一个事件的理论概率必须被用 0 到 1 之间的有理数表示的原因是什么? • 一个事件的理论概率是必然或是不可能的原因是什么? • 概率的数字越大,表明一个事件发生的可能性越大的原因是什么? • 下列情况的原因是什么? 　-概率在 0 左右表示事件发生的可能性很小 　-概率在 1/2 左右表明事件可能会发生,也可能不发生 　-概率接近 1 表示事件发生的可能性很大 • 根据算法 P(事件)+P(相斥事件)=1,一个事件与其相斥事件发生的概率之和等于 1 的原因是什么? • 根据概率可以估计一个随机事件的相对频率的原因是什么?

请思考在这些学习经验中,学生如何被期望去检验数学如何被用来获得答案,并调查概率模型被用来澄清随机事件结果的原因。

数学中的反思性问题对于教学生如何回答那些引导他们去分析习题是否得以正确解决的测试项目也是有帮助的。从本质上说,反思性问题通过将教学与评价从解释一个问题如何得以解决,转换到澄清为什么该解决方法是正确的,从而促进数学思维的发展。这种调查策略也是一种引导学生参与学习的好方法。

科学

在科学课程中反思性的好问题关注建立因果关系和关系模式。这些问题被用来证明观察到的效果或记录的结果是由起因导致的(Shuttleworth, 2009;Trochim, 2006)。为升入大学及就业做好准备的标准中关于科学的表现性目标,通常被表述为通过实验、论证和工程设计来促进科学探究。

在开发和参与论证、设计与实验之前,可以鼓励学生通过对来自这些标准的反思性的好问题作出回答,从而去调查原因、联系和结果。为了拓展对科学话题的思考,要向学生提问反思性的好问题,以促使学生去探究在现在和过去,自然事件对世界的不同结构和系统的影响（比如，地理的、政治的、经济的、社会的）。

历史和社会研究

历史和社会研究中的反思性问题能让学生从研究事实、事件如何发生、为什么发生，转向调查现在和过去的思想、事件、个人和议题的影响。它们也鼓励学生超越呈现给他们的或者他们自己阅读的内容，去拓展关于历史的知识。思考下面关于第一个全球时代的出现所带来的后果的学习情境。

你正在教授一个关于在 1450 年至 1600 年期间，世界主要地区的越洋联系如何导致了全球化转变的单元。 你的学生将会展示和交流下列事情：

- 理解在 15、16 世纪，欧洲海外扩张的起源和后果。 （NHS. WHE6. 1. A）
- 理解在 15 世纪末和 16 世纪初，欧洲人和撒哈拉以南的非洲地区、亚洲和美洲人之间的邂逅。 （NHS. WHE6. 1. B）
- 理解世界范围内植物、动物和病原体交换的后果。 （NHS. WHE6. 1. C）
- 解释地域文化和环境特征如何随时间的推移而变化；整合文化和环境特征，分析一个区域与其他地方的相似或者不同之处；评价政治和经济决定随着时间的推移如何影响了不同地方和区域的文化与环境的特征。 （C3. D2. Geo. 5. 3 - 12）
- 描述环境和文化的特征如何影响特定地方或区域的人口分布；评价人类聚居活动对特定地方和区域的环境和文化特征的影响。 （C3. D2. Geo. 6. 3 - 12）
- 分析和解释文化和环境特征如何影响人类、商品和思想的分布及流动；运输和交流技术的变革如何影响人类聚居地之间的空间联系，影响思想和文化实践的传播；分析历史事件和思想、技术、文化实践的空间传播如何影响人类的迁徙模式和分布状态。 （C3. D2. Geo. 7. 3 - 12）

你的学生将处理表5.8中的好问题。

表5.8　反思性的好问题：地理

反思性	• 在15、16世纪,欧洲海外扩张的起源和后果是什么？ • 下列内容对于15、16世纪欧洲海外扩张与征服产生了哪些影响？ 　－欧洲社会的主要社会、经济、政治、文化特征(特别是西班牙和葡萄牙) 　－造船、航海和海战的技术发展 　－伊比利亚半岛主要军事力量的动机、性质和短期意义 　－对撒哈拉以南非洲、亚洲和美洲的商业扩张 • 葡萄牙对非洲、印度和东南亚进行海上扩张造成的影响有哪些？ • 葡萄牙人与非洲、印度和东南亚人之间的关系是什么？ • 奥斯曼人、印度人、中国人、日本人、越南人和暹罗人(泰国人)限制欧洲商业、军事和政治渗透的结果是什么？ • 天主教对于在美洲和东南亚的西班牙和葡萄牙殖民地土著居民相关的政策基础、组织和管理有什么影响？ • 世界范围内植物、动物和病原体的交换有什么后果？ • 在15世纪末和16世纪,世界范围内的植物和动物的交换,对于欧洲、亚洲、非洲和美洲印第安人的社会和商业产生了哪些影响？ • 在美洲,1492年之后新疾病微生物的传入对北美、南美的印第安文明的人口和社会方面造成灾难性的影响的原因是什么？ • 美洲的种族、地理和自然环境的知识对欧洲宗教和文化生活产生了哪些影响？

　　请注意这些反思性的问题如何通过鼓励学生分析这些事件对过去和现在的影响,来拓展学生的思维。使用反思性的历史问题,提问学生关于这些事件对个体、社会和文化的影响(既包含对过去的,也包含对现在的影响),是鼓励学生去拓展他们的知识和思维的最好方式。请向学生提出这些问题,鼓励他们去探索与这些事件相关的原因、联系和结果等。

结论

　　反思性问题和分析性问题都促使学生去分析为什么,从而引发精准认知。然而，它们要求学生去分享的知识深度是不同的。分析性问题主要关注促进学生去深度地思考知识如何能在不同的情境下被使用；反思性问题要求学生去拓展他们的知识，思考知识为何可以被用来澄清答案、成果、结果和解决方案。这些好问题相辅相成，帮助学生建立和发展他们在研究现象和解决问题时所需要的可迁移的、广泛的知识。

专业发展

如何研制反思性的好问题来拓展知识与思维

目　标 ·········▷

基于为升入大学及就业做好准备的标准中的表现性目标，研制出反思性的好问题，这些问题将鼓励学生去调查事件和经历的原因、联系和结果。

参考材料 ·········▷

- 你所在的地区推行的为升入大学及就业做好准备的标准
- 你所在的学校采用的课程和教材
- 好问题和布鲁姆的教育目标分类学（表 1.2）
- 好问题和韦伯的知识深度模型（表 1.4）

步　骤 ·········▷

1. 确定将在一节课或一个单元的学习中涉及的那部分学术标准、文本和主题。使用表 5.9 记录下你的决定。

2. 明确表现性目标中的认知要求是否是期望学生去分析或评价的。选择符合这类认知要求的常用疑问词、词组或短句。

a. 将那些期望学生去分析为什么的表现性目标改写为要求学生去调查和探究联系、关系、成果或结果是什么的反思性问题。

　　b. 将那些期望学生去评价为什么的表现性目标改写为要求学生去调查和探究有什么效果、有什么影响和原因是什么的反思性问题。

表 5.9　反思性的好问题生成表

	是什么原因导致了	
		有什么联系？
		有什么关系？
		成果是什么？
调查和探究		结果是什么？
		有什么效果？
		有什么作用？
		有什么影响？
		原因是什么？

第六章

假设性的好问题如何激发好奇心和创造力？

你正在上一个关于运用位值原理和运算性质来进行多位数计算的单元，你希望你的学生去做：

- 使用基于位值原理和运算性质的策略，计算一个万以内的整数乘以1位数的整数，以及两个2位数相乘的乘法。通过使用方程、矩形阵列和（或）面积模型，示例和解释计算的过程。（CSCSS. MATH. CONTENT. 4. NBT. B. 5）

学生将要处理和回答表6.1中的好问题。

到目前为止，我们已经讨论了如何使用事实性问题来帮助学生建立背景知识，以及如何运用分析性问题和反思性问题引导学生批判性地思考在不同情境中关于*如何*和*为什么*的观点和内容。引发精准认知的另一个方面体现在通过测试学生所掌握的知识、思维的边界来促使他们进行创造性地思考,或者说,要求学生思考和确认如果……会怎样的问题以激发他们的想象力。

请注意在本单元的数学学习中,假设性的好问题将如何促进学生思维的转变,尤其是学生如何使用这些不同的方法、模型、策略和结构来解答多位数乘法问题。这些数学问题的情境促使学生进行策略性地思考(知识深度第 3 级水平,DOK‐3),进一步拓展他们在学术领域和现实生活的情境中转化和使用其正在学习的数学概念和程序的思维。通过回答这些问题,学生不仅可以学会如何解数学题,更重要的是学会预设和体验如何在不同的情境中运用数学。

表 6.1　假设性的好问题:多位数计算

假设性	<ul><li>如何才能使用以下方法计算多位数乘法? 　-乘法的标准算法 　-位值原理 　-部分积(Partial products) 　-补偿 　-凑整 　-格子乘法</li><li>如何才能通过分解数组来乘更大的数字?</li><li>如何才能运用数组、部分积或补偿的方法来解释以下算式的结果: 　3×10　　7×20　　2×16　　2×125　　14×32 　4×100　　8×50　　3×19　　4×375　　16×54 　6×1000　9×60　　5×34　　6×625　　18×76</li><li>在下列情境中,如何才能运用等式、数组、部分积或补偿进行计算? 　-一所高中的体育场由 4 个部分组成,每个部分容纳 100 人,这个体育场共有多少个座位? 　-如果麦迪逊有 8 卷便士,每卷有 100 个便士,那么他共有多少便士? 　-停车场有 8 排停车位,每排有 30 个停车位,这个停车场共有多少个停车位?</li><li>在下列情境中,如何才能运用等式、数组或部分积进行计算? 　-苏西正在买 2 把椅子,每把椅子的价格是 45 美元,每把椅子需要缴税 3 美元,那么苏西买椅子共花费多少美元? 　-为上一门需要连续上九周的课,珀杜老师每周从图书馆领取 25 本书,马丁老师每周比珀杜老师少拿 7 本书,珀杜老师和马丁老师前三周一共从图书馆领取过多少本书? 前六周一共领取多少本? 九周一共领取多少本? 上完这门课时,珀杜老师和马丁老师共从图书馆领取过多少本书?</li></ul>

假设性的好问题是做什么的

假设性的好问题聚焦于环境和条件的可能性和潜在性,特别是通过设置不同的情境鼓励学生做到以下几点:

- **想象**如果……会怎样。
- **假设**将会发生什么;可能发生什么;怎么可能;会怎样。
- **考虑**怎么可能;怎么会;还会是什么;还能怎样。
- **假设**发生的原因可能是什么或原因将会是什么。
- **预测**将是什么或将怎么样。

在布鲁姆的教育目标分类学修订版和韦伯的知识深度模型中,假设性问题引发的是为升入大学和就业做好准备的标准中最深层次的认知,尤其是其能够促使学生创造性与策略性地思考*如何才能*运用知识。此外,假设性问题还通过提供假设性的情境让学生能够运用其所学知识来解决问题,以拓展他们的思维。

然而,假设性问题和其他好问题不同,它不受细节、规则和特定的官方认可的概念和操作程序的限制,至少这些不是首要的限制因素。假设性问题是鼓励学生挖掘其想象力、自由地想象关于*如果……会怎样*的好问题,而*如果……会怎样*这种疑问句式恰恰能激发学生的创造性思维。当教师提出*如果……会怎样*的问题后,学生就会运用其所学知识去核实他们的观点、假设、预测、理论是否有效或可行。

假设和预测

假设性问题通常让学生经历两种不同的认知过程:预测和假设。尽管大多数情况下它们具有相似的涵义,但通过此类提问能在两个不同的方面引发学生的认知行为。

一个假设性问题并不是一个正式的假设。假设是基于一定证据、观察或模式,对事件或现象的发生做出合理的解释或对可能的原因做出猜测。一个假设性问题通过让学生推测或推理*如果……会怎样*以促使其建立假设。请思考在以下不同情境中的假设性问题如何引导学生做出关于化学反应的有依据的推测与尝试性的陈述。

你正在上一个关于物质及其相互作用的单元,你期望你的学生去做:

- 根据原子最外层电子态、周期表的规律,以及对化学性质模式的理解,建立并修正对简单化学反应结果的解释。 （NGSS-HS-PS1-2）

你的学生将处理表6.2中的问题。

表6.2　假设性的好问题：物质

假设性	发生下列反应的原因可能是什么？ -燃气烧烤炉的火焰在燃烧,但它的温度不超过350℉。 -在沙漠中,发现一辆汽车出现了锈迹。 -MM巧克力豆会在你的嘴里融化,却不会在你的手里融化。 -一个已包含热水、注入洗涤剂的洗碗水和红色食物的火山模型,在添加了醋和小苏打后,发生了喷发。 -将水置于密封容器中,放在冰箱中贮存2小时45分钟,剧烈摇晃瓶子后水会速冻。 -番石榴叶提取物和氢氧化钠制成的肥皂可以治疗痤疮。 -当小灯泡与插入半片柑橘(柠檬、酸橙、橘子、葡萄柚)中的锌铜连接时,灯泡就会发光。 -抖动钢丝羊毛垫,模拟烟花点燃时的火焰。

请注意这些假设性问题是如何促进学生探究一个事件或一个结果背后的原

因的(是什么使得这个发生,或什么是可能的原因)。对这些问题的回答可能是学生用来验证和证明他们观点并最终得出结论的假设。然而,学生需要获得更多的证据以使得他们的假设更具有逻辑性,最终才能验证这些假设。

预测是基于证据或来源于想象(可能发生什么)的一种猜想。请思考假设性问题是如何促使学生做出关于人口模式和人口流动将会怎样影响未来地球地理条件的预测。

你正在上一个关于人口空间模式和人口流动的地理单元。 你期望你的学生做到如下几点:

- 解释文化和环境特征是如何影响人口、货物、观念的分布和流动的;交通和交往技术的变化是如何影响人类居住地的空间连接以及影响观念和文化实践的扩散的;分析历史事件和观念、技术和文化实践的空间扩散如何与人类的迁移模式、人口分布相互影响。 (C3. D2. Geo. 7. 3 - 12)
- 分析和解释人类居住地、人口流动如何与不同自然资源的分布与使用相关;人类和环境之间的关系如何扩展或缩小人类居住地和迁徙的空间模式;评价在城市、郊区、农村范围内经济活动和政策决定对空间模式的影响。 (C3. D2. Geo. 8.3 - 12)
- 分析有关环境和科技的灾难性事件对人类居住地和人类迁徙的影响;评价长期人为环境变化对空间形态的冲突与合作的影响;从地方到全球范围内,评价长期气候变化对人类迁徙和居住模式、资源利用以及土地利用的影响。

你的学生将处理表 6.3 中的好问题。

表 6.3 假设性的好问题：人口模式

假设性	• 人类和环境之间的关系是如何扩展或缩小人类居住地和迁徙的空间模式的？ • 经济活动和政策决定如何影响以下地区的空间模式？ 　－城市 　－郊区 　－农村 • 有关环境和科技的灾难性事件是如何影响人类居住地和人类迁徙的？ • 人为环境变化如何影响空间形态中的冲突和合作？ 　－人类迁徙和居住模式 　－资源 　－土地构成

这些假设性问题同时也鼓励学生得出结论、生成关于某些事件和结果的观点。虽然这些问题既富有想象力，又是基于证据的，但都是学生无法验证的预测。这就是为什么澄清一个假设性问题的意图和目的——是为了对未来的结果做出准确的预测，是很重要的。

情境

假设性问题为学生提供了不同的情境，以提示他们在学术领域和现实生活的情境中运用其所学知识，批判性、创造性地思考关于*如何才能*或*将会怎样*的问题。这些问题同样也激发学生思考在给定模式、参数和规定中会发生什么、将发生什么。请考虑下面的情境是如何引导学生思考自然选择和适应怎样才能引起生物的变化的。

你正在教一个关于生物进化的统一性和多样性的单元。你期望你的学生做到以下几点：

• 构建一个基于证据的解释，说明种群中性状的遗传变异如何增加了某些个体

在特定环境中存活和繁殖的几率。（NGSS-MS-LS4-4）

- 收集和整合有关技术改变人类影响生物体所需性状遗传方式的信息。
  （NGSS-MS-LS4-5）

- 使用数学表达式解释自然选择是如何随着时间推移导致种群中特定性状的增
  加或减少的。（NGSS-MS-LS4-6）

你的学生将处理表 6.4 中的好问题。

表 6.4　假设性的好问题：进化

假设性	<ul><li>遗传变异如何影响生物体的生存和繁殖？</li><li>种群中性状的遗传变异如何才能增加某些个体在特定环境中存活和繁殖的机会和可能性？</li><li>同一物种不同个体间的特征差异如何在以下方面提供优势？ －生存 －寻找配偶 －繁殖</li><li>随着时间推移，自然选择如何导致种群中特定性状的增加或减少？</li><li>自然选择如何导致种群中某些遗传性状占优势并抑制其他物种？</li><li>如果生物体的性状差异不影响成功繁殖，会发生什么？</li><li>人为选择如何才能为人类提供影响生物体中某些特征的能力？</li><li>人为选择如何改变人类影响生物体所需性状遗传的方式？</li><li>如果科技的进步为人类提供了选择生物体性状的能力和机会，会发生什么？</li></ul>

表 6.4 中呈现的假设性问题吸引学生在不同情境中深思熟虑，并仔细思考多种结果。同时，学生还可以创造和贡献自己的观点和理论，以了解人为和自然选择如何影响生物体的生存、找到配偶的能力及繁殖的机会。他们将运用其所学知识，从他们的研究、检验、调查中找到证据来验证他们的观点。

假设性问题同样也为教师提供了一个创造性思考的机会：如何才能设想出并为学生呈现出不同的现实生活情境，以便学生们能在其中运用我们所教给他们的知识。举个例子，在数学课程中，我们可以问学生如何在以下现实生活的情境中使用数学概念和过程，然后根据这个问题为学生呈现不同的情境。这将会加深学生对*如何才能在现实生活的情境中运用数学*的理解，也会帮助他们想象或通过角色扮演来体验将会怎样。我们可以使用假设性问题为学生开发跨学科活动，以鼓励他们通过创造性写作分享自己的学习深度。又如，我们可以在历史/社会或科学课程中，让学生思考这些情境*如果发生了会怎么样*，然后再让他们分享如果是在文学叙事文本（如短篇故事、诗歌、歌曲或英语语言艺术课的剧本）中将发生什么。

元认知知识

假设性问题同时也引起学生思考借用不同的方法论、模型、策略和技术，还能得出*什么其他或如何得出其他*正确的答案、可取的成果或具体的结果。安德森和克拉斯霍尔（Anderson & Krathwohl，2001）将关于*如何以及为何能*使用不同的观点和程序来得出相同的答案、成果或结果的知识定义为元认知知识。通过这些假设性问题，学生或许可以学习使用不同的方式来回答问题、解决问题、完成任务。他们也能发展自我认知，发展使用更适合自己学习风格的不同方法与策略的意识。例如，我们可以提出假设性问题鼓励学生先尝试用不同的四则运算方式进行演算，然后再最终决定哪种方式更适用于他们。

假设性问题也让学生在得出结论和作出决定之前能考虑所有的选择和可能。请思考以下情境如何促使学生思考将人类对地球的影响降到最低的方式。

你正在上一个关于人类如何影响地球系统的单元。 你期望你的学生做到以下几点：

- 运用科学原则设计一种可以监测人类对环境的影响并使影响最小化的方法。（NGSS-MS-ESS3-3）

你的学生将处理表6.5中的好问题。

表 6.5　假设性的好问题：人类对环境的影响

假设性	● 下列情况如何才能提高生物多样性？ 　－生产可再生能源的供给服务 　－为增加或减少环境变化调整服务项目 　－代表人类价值和享受的社会文化服务 ● 使用以下方法如何才能监测人类对环境中生物多样性的影响并将影响最小化？ 　－气候调节 　－病虫害防治 　－水的净化 　－建立生物多样性库 　－建立基因库 　－减少农药的使用并改进其针对性 　－采用定位方法（Location-specific approaches）保护迁徙物种 　－建立野生动物走廊、栖息地走廊和绿色走廊 　－建立保护地，如国家公园、野生动物保护区、森林保护区、动物园和植物园等 　－通过并实施全球协议和国家法律 ● 如何才能监测以下人类活动对生物多样性的影响并将其最小化？ 　－由于过度消费、人口过剩、森林砍伐、稀缺土地的使用、空气污染、水污染、土壤污染和全球变暖导致生态环境被破坏 　－由于天然屏障被破坏和搬迁而导致的物种入侵 　－由于杂交渐渗和沼泽覆没导致的基因污染 　－由于过度狩猎、伐木导致的过度开采、水土流失和非法野生动物贸易 　－由于遗传侵蚀和基因污染导致的粮食产量、资源和安全性降低 　－由于土地流转和城市化导致的栖息地破坏 　－全球变暖和气候变化

　　表6.5中的前两个问题促使学生去检验不同的选择如何才能提高生物多样性并将人类对其的影响最小化。最后一个问题鼓励学生调查如何才能监测并将人类对生物多样性的具体影响和行为最小化。每个问题都深化了学生的认知及思维，引导他们意识到解决问题的方法可能不止一种。这种可以思考多种可能性的自由度允许学生得出自己的结论、作出自己的决定。我们将会在后续的章节中

讨论辩论性、情感性和自发性问题。

创造力和好奇心

假设性问题同样也允许学生使用其学识和想象力去思考关于*如果……会怎样*的问题，提问这类问题也是激发学生创造力和好奇心的一种强有力的方式。这样可以将他们"从事实与现实的世界中（允许他们）释放出来，自由漫步到可能没有人到过或终将会到达的地方"（Raths，Wasserman，Jonas，& Rothstein，1986，p. 14）。接着他们可以使用他们所掌握的学术知识和理解，来验证他们的观点是否是实用的或是具有潜在可能的。

请思考一个好问题如何让学生去想象，*如果一个自然灾害（如地震或海啸）袭击西海岸会怎么样*？可以做些什么来预测、预防或保护人们免受这些灾害的侵害？可以开发或使用哪些技术来预测、防止类似事件的发生或提供保护？像这样的假设性问题激发出学生的好奇心，促使他们调查类似事件发生的可能性，并鼓励他们想象设计或发明可以应对或驾驭类似事件的某些东西的可能性。这就是让学生想象*如果……会怎样*的强大力量。就像如何和为何能促使学生通过分析和评价，对其所学内容进行批判性地思考，*如果……会怎样*鼓励学生通过创新、发明和设计进行创造性地思考。这些好问题无疑将引导学生通过创造性的设计展示和发展他们的才能和思维。

如何使用假设性的好问题进行教学

为了设计出假设性的好问题，请使用以下公式：

我想知道＋假设性问题的常用疑问词、词组或短句＋知识深度模型情境

（I wonder＋Hypothetical Question Stem＋DOK Context）

教师可以使用这个公式来研制那些能够激发学生好奇心、想象力、兴趣并令他们惊奇的好问题，这些问题将促使学生批判性、创造性地思考其所学内容。让我们来看看假设性的好问题如何激发批判性与创造性思维。

英语语言艺术、美术、视觉艺术

假设性的好问题在文学、艺术和音乐课程中都能激发学生的批判性与创造性思维。请思考任一文学文本的中心思想、情节和主题，并将其转化为以适当的假设性问题的常用疑问词、词组或短句开头的问题。

假设性问题促使学生将广义的观点与特定的文本、作者联系起来进行批判性思考，同时它也能激发学生对阅读文学小说类和非小说类文本的好奇心和兴趣。这就是这些文学作品的创作方式——即作为对一个假设性的好问题的回答，这个问题让作家或艺术家不断想象如果……会怎么样，思考会发生什么或将发生什么，预测将会是什么。

假设性问题促进学生批判性地思考在特定文本中出现的或由作者提出的中心思想、主题。请思考以下情境如何引导学生批判性地思考文章表达的观点。

你正在上关于雷·布莱伯利写的《华氏451度》（*Fahrenheit 451*）的书本研读课。 你期望你的学生做到以下几点：

- 确定文本的中心思想或主题，并分析其发展；概括关键的支持性细节与观点。（CCSS. ELA-LITERCY. CCRA. R. 2）

- 通过文本内容，分析在事情发展的过程中人物、事件或思想是如何以及为何演变的，及其相互影响。（CCSS. ELALITERCY. CCRA. R. 3）

- 评价观点或视角是如何影响内容与文风的塑造的。 （CCSS. ELA-LITERCY. CCRA. R. 6）

- 像整合与评价用文字表现的内容那样，整合并评价使用其他多种形式的媒介和方式呈现的内容，包括可视化的、量化的和口语化的。（CCSS. ELA-LITERCY. CCRA. R. 7）

- 通过有效的选择、组织和分析内容，撰写清晰、准确地验证和传递复杂想法

与信息的应用文或说明文。（CCSS. ELA-LITERCY. CCRA. W. 2）

- 从文学作品或说明文中提取用以支持分析、反思和研究的证据。（CCSS. ELA-LITERCY. CCRA. W. 9）

你的学生将处理表格 6.6 中的好问题。

表 6.6 假设性的好问题：雷·布莱伯利的《华氏 451 度》

假设性	• 未来将会是什么样的? • 过去和现在会如何影响未来? • 如果禁止人们阅读,会怎么样? • 如果人们只选择看电影、看电视而不阅读书籍,会怎么样? • 如果印刷品被禁止或因已过时被废弃,人们只能通过音频和视频获取信息,会怎么样? • 如果这个世界就像《华氏 451 度》中描绘得那样,会怎么样? • 如何才能把世界变得像《华氏 451 度》中描绘得那样? • 是什么潜在因素使世界变得像《华氏 451 度》中描绘得那样? • 能做些什么以防止世界未来变得像《华氏 451 度》中描绘得那样?

请思考《华氏 451 度》和其他的科幻小说共同需要回答的问题——未来的生活将会是什么样的以及过去和现在将会怎样影响未来。这些都是可供学生考虑的非常广泛与宏大的概念和主题,可以将这些问题视为能激发学生好奇心的核心性的总揽类问题。这些问题同时也鼓励学生批判性地思考如果禁止人们阅读会怎么样;如果这个世界就像布莱伯利的科幻小说中描绘得那样会怎么样;我们的未来将会是什么样的?

当涉及从文学作品、美术和视觉艺术中引发和促进精准认知时,假设性问题将会是让学生理解并在认知过程中批判性和创造性地检验与表达观点的提问。

数学

数学中的假设性问题提示学生回答三类问题。第一类让学生思考*如何才能使用数学中的概念和程序解决学术领域和现实生活中的问题*。例如，我们会要求学生思考*如何才能使用乘法解决数学问题*并为学生提供需其解决和解释的问题。这样一来，教学重点就变成了学生能否运用数学概念或运算来解决问题，而不是如何解决特定问题。表 6.1（p. 97）呈现了假设性问题的示例，这些问题聚焦于学生的策略性思考（知识深度第 3 层水平，DOK - 3）以及学生对如何运用数学概念和程序来解决数学问题的解释。

数学中的第二类假设性问题引导学生拓宽他们关于*数学实践、原则和过程如何能解决和应对假设的现实生活中的问题和情境*的思维。假设的情境既为学生能够运用数学概念和程序服务，又为学生能够使用支持他们回答的文本性证据服务。比如，假设你正在教关于如何运用先前对数字的理解，将其拓展为对有理数系统的理解的相关内容，你会向学生提出如下问题：

正数和负数是如何在下列现实生活的情境中被一起使用的？

- 测量海平面上和海平面下的温度
- 测量海平面上和海平面下的海拔
- 计算贷款数和借款数
- 测量正电荷和负电荷

每个情境都激发学生去调查如何转化和使用数学定理来解决一个假设的现实生活情境中的问题。它们强调的是拓展性思考（知识深度第 4 层水平，DOK - 4），而不是解决问题本身。

数学中的第三类假设性问题要求学生思考*如何才能使用不同的方法和策略进行数学运算*，这也是在拓宽学生对数学使用过程的程序性理解。如表 6.1（p. 97）所示，这些问题让学生思考如何使用给定的方法进行多位数的乘法计算。教学关注点和评价并不在于学生是否正确地解决问题，而是在于策略性思考（知识深度第 3 层水平，DOK - 3）和拓展性思考（知识深度第 4 层水平，DOK - 4）*如何*

以及为何这些传统和非传统的方法可以被使用。这些好问题可以被用于解决"新数学"（new math）或"共同核心数学"（Common Core math）问题。我们可以通过使用假设性问题让数学中的学习经验更具实验性和探究性，而非要求学生使用程序性和非程序性的操作步骤来解决数学问题。

科学

在科学课程中，追求精准认知的教与学是由假设性问题驱动的。有关此类问题的实例请参见表 6.2 到表 6.6。这些好问题让学生在进行操作实验证明或反驳理论的过程中对自然现象设立假设、作出预测。在科学课上，对假设性问题的应答可以作为学生处理工程设计问题的模型设计或计划规划的先导。表 6.7 呈现了假设性的好问题的示例，这些问题能够让学生去参与科学探究和工程设计。请注意如何才能简洁地将这些问题转化成为能促进深度教育体验（包括基于项目和基于问题的学习）的自驱类的好问题。

表 6.7　假设性的好问题：工程标准

科学 为升入大学和就业做好准备的标准	假设性的好问题 （工程设计）
使用工具和材料设计、建造一个结构，使其能够减少某地区由于阳光照射导致的升温效应。（NGSS-K-PS3-2）	• 如何才能减少某地区由于阳光照射导致的升温效应？ • 能设计和建造什么结构来减少某地区由于阳光照射导致的升温效应？
使用工具和材料设计、建造一个装置，使其能借助声、光来解决远距离的交流问题。（NGSS-1-PS4-4）	• 如何才能借助声、光来解决远距离的交流问题？ • 能设计出什么装置来借助声、光来解决远距离的交流问题？
比较多种解决方式，以减缓和防止风或水改变土地的状态。（NGSS-2-ESS2-1）	• 如何才能减缓和防止风或水改变土地的状态？ • 能采取什么方式来减缓和防止风或水改变土地的状态？

科学 为升入大学和就业做好准备的标准	假设性的好问题 （工程设计）
阐述一个用来减少与天气相关的危害影响的设计解决方案的价值。（NGSS-3-ESS3-1）	• 能做些什么来减少天气危害的影响？ • 不同的解决方案如何才能有效减少天气危害的影响？
生成并比较多种解决方案，以减少地球自然变化过程对人类的影响。（NGSS-4-ESS3-2）	• 能做些什么来减少地球自然变化过程对人类的影响？
获取并整合有关各个社区使用科学理念保护地球资源和环境的信息。（NGSS-5-ESS3-1）	• 各社区如何才能使用科学观念保护地球资源和环境？
应用科学原理设计、构建和测试最小化或最大化传输热能的设备。（NGSS-MS-PS3-3）	• 如何才能最小化或最大化地转化热能？ • 能设计或构建出什么设备来最小或最大化地转化热能？ • 如何才能应用科学原理设计、构建和测试最小化或最大化传输热能的设备？
评价维持生物多样性和生态系统服务的竞争性设计方案。（NGSS-MS-LS2-5）	• 如何才能维持生物多样性和生态系统服务？ • 不同的设计方案如何才能有效维持生物多样性和生态系统服务？
应用科学原理设计一种能够监测并最小化人类对环境影响的方法。（NGSS-MS-3SS3-4）	• 如何才能监测和最小化人类对环境的影响？ • 可以设计出哪种方法来监测和最小化人类对环境的影响？ • 如何才能应用科学原理设计出可以监测和最小化人类对环境的影响的方法？
设计、建造、改造一个在给定限制条件下工作的设备，将一种形式的能量转化为另一种形式的能量。（NGSS-HS-PS3-3）	• 如何才能将一种形式的能量转化为另一种形式的能量？ • 可以设计、建造、改造哪种设备，在给定限制条件下将一种形式的能量转化为另一种形式的能量？
设计、评价、改进减少人类活动对环境和生物多样性影响的方案。（NGSS-HS-LS2-7）	• 能做些什么来减少人类活动对环境和生物多样性的影响？
根据成本—收益比，评价开发、管理、利用能源和矿物资源的竞争性设计方案。（NGSS-HS-ESS3-2）	• 根据成本—收益比，能做些什么来开发、管理、利用矿物资源？

历史和社会研究

在历史和社会课程中使用假设性的好问题，可以让学生根据历史数据和信息建立假设、作出预测。这些问题通过发展学生的反事实思维，深化了他们对历史观点、事件、人物和议题的认识，或创建出事件的另一种可能的新版本。在历史领域中，反事实思维是被布莱克和麦克雷尔德（Black and MacRaild，2007）称之为"what if"历史的一种子类型研究，即"通过推断没有发生什么、或可能发生了什么来更好地理解发生过什么"（p. 125）。

- 如果早期的人类文明在美洲而不是近东地区开始繁荣，会怎么样？
- 如果来自中国或日本的探险家在西欧探险家之前先发现了南北美洲的话，会怎么样？
- 如果亚历山大大帝没有在那么年轻时就去世，会怎么样？
- 如果罗马帝国在中世纪从未衰败或者能够收回权力，会怎么样？
- 如果古埃及文明没有覆灭，会怎么样？
- 如果文艺复兴从来没有发生，会怎么样？
- 如果斯巴达人能够在塞莫皮莱战役中阻挡波斯人，会怎么样？
- 如果克里斯托弗·哥伦布从未到达新大陆，会怎么样？
- 如果在拜占庭—奥斯曼帝国战争之后拜占庭人从未战败，奥斯曼土耳其人从未上台执政，会怎么样？
- 如果殖民地居民在美国革命中失败了，会怎么样？

这些好问题为学生提供机会，对历史和重要的、不重要的事件与经历的影响进行批判性、创造性地思考。

结论

在问题框架中所有的引发精准认知的问题里，假设性的好问题是最具生成性的，因为它们引导学生批判性、创造性地思考其所学内容。这些问题也挑战学生策略性地思考还会是什么和还会如何获得和解释答案、成果与结果。它们还通过让学生思考如何才能和将会怎样在不同的学术领域和现实生活的情境中迁移和使用所学知识，来拓宽学生的思维。最重要的是，假设性问题通过鼓励教师和学生想象如果……会怎么样、可能发生了什么、将发生什么，或预测会是什么，并验证我们的思考是否合理和可行，来检验我们的理解和想象力。

专业发展

如何研制假设性的好问题来激发好奇心和创造力

目　　标 ··········>

研制假设性的好问题挑战学生批判性、创造性地思考关于*如果……会怎么样、可能发生了什么、将发生什么*的问题，并鼓励学生灵活地思考他们*如何才能*迁移和使用所获得的有深度的知识。

参考材料 ················>
- 你所在的地区推行的为升入大学及就业做好准备的标准
- 你所在的学校采用的课程和教材
- 好问题和布鲁姆的教育目标分类学(表 1.2)
- 好问题和韦伯的知识深度模型(表 1.4)

步　　骤 ·················>

1. 确定将在一节课或一个单元的学习中涉及的那部分学术标准、文本和主题。

2. 明确将在一节课或一个单元的学习中涉及的那部分特定内容和元素是什么。

3. 描述将在一节课或一个单元的学习中被检验和研究的*概念和程序*是什么。

4. 确定学生需要展示哪种类型的思维，将明确的内容、要素、概念或程序的表述放在适当的常用疑问词、词组或短句(见表 6.8)的旁边或句中恰当位置。

a. 如果期望学生进行想象,那么把表述放在常用句式*如果……会怎样*中的恰当位置。

b. 如果期望学生进行思考,那么把表述放在常用疑问词、词组或短句*怎么可能、怎么会、还会是什么*或*还能怎样*的旁边或句中恰当位置。

c. 如果期望学生进行假设,那么把表述放在常用疑问词、词组或短句*可能会发生什么、将会发生什么、怎么可能*或*会怎样*旁边或句中恰当位置。(针对数学研究或科学实验,可以将假设性情境放在常用疑问词、词组或短句的前面。)

d. 如果期望学生进行预测,把陈述放在常用疑问词、词组或短句*将会发生什么、将怎么样*旁边。

表 6.8　假设性的好问题生成表

想象	我想知道	如果	会怎样
		如何才能	
思考	我想知道		将会怎样
			还会是什么
			还会怎样
假设	我想知道		可能发生了什么
			将发生什么
			也许是怎样
			也许会怎样
预测	我想知道		会是什么
			将怎么样

第七章

辩论性的好问题如何引发选择、主张和争议？

你正在上一节关于地球和太阳系的课。 你期望你的学生去：

• 分析和解释数据以确定太阳系中物体的比例属性。 （NGSS-MS-ESS1-3）

你的学生将回答表7.1中的好问题。

表 7.1

辩论性	• 冥王星应该被重新划定为行星还是继续被定为矮行星？ • 国际天文联盟关于行星的定义是基于科学事实还是专家意见？ • 国际天文联盟和哈佛—史密松天体物理中心对行星的定义，哪个更具权威性和决定性？

　　问题回答的质量通常是用对或错来评价的，但对于引发精准认知的问题的评价和教学，要求更加细致；也就是说，不仅要求学生详细描述和解释他们的答案如何以及为何是准确的、可接受的，而且更要求是适当的。事实性问题期望学生提供具体内容；分析性问题和反思性问题促使学生深入思考；假设性问题激发学生

仔细思考如果……会怎么样并确定可能性和潜在性。由上至下再看看好问题框架,我们会发现,我们不但要评价答案的对错,更重要的是评价学生如何精心组织回应并呈现证据的具体要素。比如,以下这些辩论性的好问题的正确答案是什么呢?

- 根据国际天文联盟(International Astronomical Union,IAU)大会提供的证据,宣布冥王星不是行星(2006)是否准确?
- 根据哈佛—史密松天体物理中心(Harvard-Smithsonian Center for Astrophysics)提供的推理及该中心的投票,宣称冥王星是行星(2014)是否准确?
- 认为对冥王星行星地位的提议,既是一个语义学的问题又是一个科学的问题,是否合适?

上述问题会有各种各样的回答,其中很多回答都可以被认为是准确的、可接受的。回答的力度和对错与否,取决于学生如何将回答组织得清晰、全面且令人信服。学生适当地反对或驳斥其他同学的回答,甚至提供一个反例,以表明问题或论点的另一面也是恰当的。这是追求精准认知的教与学的另一方面:让学生使用他们收集到的证据、发展出的专业知识来得出结论,并维护自己的决定。

辩论性的好问题是做什么的

辩论性的好问题能引导学生去探索一个问题或话题的所有方面,然后做出选择或选定一个具有逻辑性、可防御的观点。要给出这样的回答,学生必须做到以下几点:

- **考虑多种看法**、观点(包括他们自己的),以及文本和议题中的观点。
- **评判**结论和争论的准确性、有效性。
- **精心组织**通过有效的推理并有确切充足证据支持的论据。

辩论性问题不应是具有攻击性的、固执己见的或诱导型的,尽管它们可以那样。这些好问题的目的不在于让学生去学习如何在论辩中取得胜利,而在于让他们学习如何"呈现他们自己的论据或提出与他人不同的观点"(Rose,1989)以及"将学生转变为:不仅是更好的辩论者,而且是更擅长基于证据进行辩论的批判性思考者"(大英百科全书数字学习 Britannica Digital Learning,2014,p.2)。

辩论性问题要求学生保持开放的心态,进行相关研究来得出坚实的论证和合理的决定。它们教学生不要仅仅基于个人情感和经历做出选择和决定。更重要的是,这些问题有助于学生认识到知道解答提升精准认知的好问题可以从三种途径着手:主张或结论的正确性、不正确性、令人信服度。请记住,主张和结论都是具有条件性的,如果有人提出了更进一步的信息或更新颖的观点,它们都是有可能发生改变的。

辩论性问题和其他根植于精准认知的好问题一样,都鼓励学生基于证据评价和批判观点、议题。学生面临的挑战是:分析具体数据和详细资料,以保证数据和资料在被呈现和决定时是有效和公正的。这些问题也鼓励学生去评价他们自己的想法,以确定这些想法首先是源于事实还是感觉。让我们更进一步地来看看辩论性的好问题如何引导学生用有效的推理和充足的证据去评价那些已被固化了的特定主张。

选择

辩论性问题是真正的多选题,但它们又并不是典型的多选题,它们只要求学生从三个干扰选项中识别和挑选出正确答案。辩论性问题"要决定从许多竞选项中挑选出一个需要的"(Jonassen & Hung,2008,p.17)。辩论性问题要求学生思考所有有效的、可辩护的选择。它们的目的在于让学生评价不同选择的优势与劣势,在获取了足够信息之后做出决定,从中挑选出一个他们认为正确的,再基于有逻辑的推理和可靠的证据来捍卫他们的选择。

辩论性问题的措辞确实会造成与有效性和有用性有关的风险,因为一个措辞不正确的问题是可以用简单的是或否来回答的。另外,措辞不正确的问题也可能会在不经意间将学生引入一个特定境地。为了避免这些情况,可以将问题改述为选择性的是……还是……句式,提问哪一个选项是最好的、最适合的、最有效的。

比如,我们不应该提出如*动物实验是应该被禁止的吗*这样的问题,对于这样的问题，学生只会简单回答是或否，然后就终止论述了。我们可以将上面这个问题改为*动物实验是应该被禁止、允许、规范，还是可以因为某些特殊情况被保留？*现在你正在让学生去探究这个议题的所有方面，做出选择，并捍卫他们的结论。如此措辞的问题，就可以让学生明白一些问题并不仅仅是用明确的是或否就能回答的，而是需要一个*取决于如何或为何*的说明的回答。

主张

辩论性问题引导学生评价以下几种类型的论证和特定主张：

- 事实类主张——这个主张是基于事实、观点还是推断的？
- 定义类主张——这个主张是确定的、有条件的还是解释性的？
- 原因类主张——这个关于原因或结果的主张是有效的、无效的还是有疑问的？
- 价值类主张——这个关于某些事物的重要性或价值的精确性、可接受性或适当性的主张，是基于某个价值观还是某套标准的？
- 政策类主张——该如何处理一个议题或问题？（Wood，2007）

主张并不能和事实划等号。事实是经过核实的客观陈述。主张是可以被辩护为*正确*的立场。比如，冥王星是太阳系中的一个天体，这是一个事实，它是经过科学研究凭借获得的有效数据证实了的。而冥王星是否是行星，还要取决于对行星定义或对行星资格的解释。

根据国际天文联盟的定义，冥王星不是行星。然而，哈佛—史密松天体物理中心主张冥王星是行星。每个小组都有理由和证据来支持他们关于冥王星地位的解释。这就是为何冥王星行星地位的称呼并不是一个事实的主张，而是一个需要被辩护的观点的原因。辩论性问题的提出具有双重目的。

辩论性问题涉及的是需要论辩和讨论的断言、声明或陈述。表 7.2 提供了不同类型的辩论性问题。每个问题都针对一个特定主张，这个主张必须被证明是事实的、确定的、适当的或可行的，才能被视为是正确的。这些主张的强势（包括问题和回答中的），都需要基于以下标准进行衡量：

- 证据和证明——是准确的吗？是可信的吗？是确凿的吗？是相关的吗？是充足的吗？是真实的吗？

- 逻辑和推理——是可信的吗？是可能的吗？是理性的吗？是明智的吗？是有效的吗？

- 价值和意义——是可接受的吗？是适当的吗？是可行的吗？是实际的吗？是明智的吗？是可行的吗？

表 7.2　辩论性问题的五种类型

辩论性	**事实类**	<ul><li>干细胞研究是能提供对人体基础知识的更深入的了解并能有助于治疗医学问题的,还是说这个主张的科学价值未经证实、是夸大或有缺陷的?</li><li>增加学生白天在校时间或延长、缩短学年,对学生的学习是有影响的还是没有影响的?</li><li>技术是促进、抑制还是改变了人们思考和学习的方式?</li><li>在战斗中,比起男人,女人发挥的作用是更大的还是更小的?</li><li>工业化为社会创造了更多效益,还是更多问题?</li><li>大脚怪是真实存在的,还是一个神话,或是被认错的其他生物?</li></ul>
	定义类	<ul><li>肥胖是一种身体状态、一种精神疾病还是一个社会问题?</li><li>全球变暖是一种自然现象,还是人为事件?</li><li>真正的美丽是什么?</li><li>婚姻的法学、宗教学和社会学定义分别是什么?</li><li>界定作品是艺术作品还是色情作品的界线是什么?</li><li>胎儿是人还是一群细胞?</li><li>什么是正当的战争与非正当的战争?</li><li>哪些情况被界定为性骚扰?</li></ul>
	原因类	<ul><li>恶劣天气模式的增加是全球变暖的结果,还是地球系统的自然循环?</li><li>暴饮暴食导致疾病和死亡吗?</li><li>艾滋病(AIDS)的流行是由于研究资金不足,还是人的态度而导致的?</li><li>将婴儿放在日托中是有利于还是不利于孩子的发展?</li><li>贫穷和稳定,哪一个对孩子获得的教育质量影响更大?</li></ul>

续表

辩论性	**价值类**	• 儿童接种疫苗应该是强制的还是可选择的？ • 美国应该参与全球争端,还是应该更关心国内事务？ • 认可和表扬的应该是孩子的参与度还是表现,或是两者都需要？ • 公立学校比私立学校更好还是更差？ • 酷刑作为惩罚的一种方式是合理的还是不合理的？ • 猫、狗、鱼或是更奇特的动物,哪一种更适合做宠物？ • 安乐死是道德的还是不道德的？ • 手机是用于教学的工具还是分散注意力的凶器？
	政策	• 在全球争端中美国应该扮演什么角色？ • 各州应该采用全美学业标准还是开发各自的学业标准？ • 最低工资应被调高、调低还是应反映在特定地区的生活成本？ • 驾驶过程中应该如何使用手机？ • 重刑犯的投票权应该被保留还是要剥夺？ • 公众场合抽烟应该被禁止、允许还是规范？ • 美国总统应被允许连任两期,还是可允许他们服务超过两个任期,或者可允许他们在经过一段特定的时间后再次上任？

　　尽管每个主张都可以当作是正确的来辩护,但一旦发现新信息,观点也应当相应改变。请再次回顾关于冥王星的争论,虽然大多数专家和专业机构都认可了国际天文联盟对行星的定义是正确的,但进一步的详细资料和新的信息也可能会改变这个定义。

争议

　　辩论性问题同时也引导学生处理争议并鼓励批判性和创造性思维。格拉夫(Graff,2003)将这种教学方法称为"冲突教学(teaching the conflicts)"和"争议学习(learning by controversy)",他描绘了冲突的主张是什么以及该如何处理它们。下面是一些鼓励批判性和创造性探究的思路：

- 争议什么？
- 该如何处理争议？

- 为什么要处理争议？

- 处理争议和回应争议需要什么？

- 争议应该解决、处理，还是避免？

辩论性问题争议的目的不是解决问题。有太多的利益相关者都带着主观的观点在考虑那些问题。一些人可能声称这是一个应该解决的重要问题。另一些人则可能提出反诉，反驳这个观点。这就是为什么提问争议*什么*是具有争论性的原因。因为争论的引发往往取决于每个人的个人观点，及其如何看待这种观点上的冲突。

如果引起争议的辩论性问题是如此难以处理，那么为什么还要试图去回答它们呢？因为这些都是"困扰我们的城市、我们的世界，并触及我们每一个人"（Kolko，2012）的真实问题。每个关键的争议都涉及一个文化的、环境的、政治的或社会经济中具有多种原因和严重结果的议题或情况。里特尔和韦伯（Rittel &Webber，1973）将这些关键的争论称作*棘手的问题*；即由于包括大量信息的准确性和有效性在内的因素，而难以界定的、结构不良的问题；法律的、政治的、社会经济的结果和债务；利益相关者的数量；以及可能出现的相关问题（Kolko，2012）。妨碍解决这些关键争议的因素使得任何尝试都是在做"不可能的项目"（Dobson，2013）。

在处理这些问题过程中会有许多内在困难，但这并不意味着教育者应该避开它们。事实上，正是因为这种困难的存在，使大家意识到要将这些问题作为教育经验的一部分加以解决。请看附录 D 中呈现的辩论性的好问题清单，它们挑战学生去决定和讨论一个棘手的问题或不可能的项目是否应当被处理、操作、解决、分解或避免。

如何使用辩论性的好问题进行教学

从传统意义上来说，辩论性问题被用来教学生如何通过论辩与说服来影响别人。尽管论辩与说服是解决辩论性的好问题的两种方式，但它们并非是首要目的。当学生处理辩论性问题时，他们需要讨论以下问题：

- 这个主张是准确的、不准确的还是有问题的？
- 这个结论是确定的、不确定的还是暂时的？
- 这个论点是无可辩驳的、有争议的还是无法解决的？

这些都是一些指导性的问题，这些问题促进了辩论能力或者是倾听、总结和回应思想、信息和问题的能力（Graff，2003）。这些认知技能即是格拉夫（Graff，2003）所主张的"正确地被视为受教育的中心"和衡量为升入大学及就业做好准备的技能（p. 3）。事实上，在所有学科领域，为升入大学及就业做好准备标准中的表现性目标都强调通过辩论来表达所学的知识和思维（NCCAS，2015；NCSS，2013；NGACBP & CCSSO，2010；NGSS Lead States，2013）。让我们来看看，在各种课程中，辩论性问题如何促进学生对文本和论题做出决策和讨论。

英语语言艺术、美术、视觉艺术

具备辩论能力是为升入大学及就业做好准备的核心理念，也是英语语言艺术学术标准中强调的重点。每个领域都包含表现性目标以挑战学生解决如下综合类的核心性问题：

- 如何界定和评价文章中包含的有效的推理、相关且充分的论据和具体的主张？
- 如何使用有效推理和相关且充足的证据来撰写论证，以支持实质性主题或文本分析中的主张？
- 如何以适合任务、目的、听众的风格，呈现信息、结果和支持性的证据，使得听众可以跟随事件的起因、组织、发展以及风格？

综合类的核心性问题比辩论性问题更具分析性，因为它们要求学生交流如何解释或评价争论。一个特定辩论性问题的中心构想可以来源于各方面，而不仅仅是来自于某个课程。学生的辩论能力可以通过运用这些辩论性问题的教学来得到发展。

辩论性的好问题引导学生去维护特定的文学、艺术或音乐作品，并要求他们验证他们的推理。请思考以下好问题如何促使学生评论不同作者关于非暴力不合作的观点以及他们自己对这个议题的看法。

你的学生正在阅读与评论专注于非暴力不合作的理论与实践的不同文本。你期望你的学生做到：

- 确定文本的中心思想或主题，并分析其发展；概括关键的支持性细节与观点。（CCSS. ELA-LITERACY. CCRA. R. 2）
- 评价观点或视角是如何影响内容与文风的塑造的。（CCSS. ELA-LITERACY. CCRA. R. 6）
- 描述和评价文本的论述和具体主张，包括推理的合理性和证据的相关性、充分性。（CCSS. ELA-LITERACY. CCRA. R. 8）
- 分析两个或两个以上的多个文本，了解作者为建构各自的理解如何处理相似或相同的主题或观点，比较作者各自采用的处理方法。（CCSS. ELA-LITERACY. CCRA. R. 9）
- 使用合理的推理和相关的、充分的证据来撰写论证，以支持对实质性主题或文本中主张的分析。（CCSS. ELA-LITERACY. CCRA. W. 1）
- 从文学作品或说明文中提取用以支持分析、反思和研究的证据。（CCSS. ELA-LITERACY. W. 9）
- 评价演讲者的观点、推理、使用的证据和修辞。（CCSS. ELA-LITERACY. SL. 3）

你的学生将会处理和回答表7.3中的好问题。

表 7.3　辩论性的好问题：非暴力不合作

辩论性	• 在非暴力不合作方面，谁的观点与民主政府最匹配或最不匹配？ 　－苏格拉底 　－圣·托马斯·阿奎那 　－约翰·洛克 　－亨利·大卫·梭罗 　－圣雄·甘地 　－马丁·路德·金 　－约翰·罗尔斯 • 在民主社会中，非暴力不抵抗是合理的，还是不合理的？ • 它是被允许的，还是非法且不被接受的？ • 非暴力不抵抗的结果被证明是有效的还是无效的？ • 暴力作为非暴力不抵抗行为中的一种行为，它是合理的还是不被接受的？ • 非暴力不抵抗是适当的还是不适当的？

　　请注意这些好问题是如何在从分析不同文本的中心思想，到维护关于哪一种价值观主张与民主政府的原则最匹配或最不匹配的过程中，拓展学生的思维的。这些问题同样也促使学生提炼出文本所呈现的观点和信息以及他们自己的价值观体系，用以精心组织他们的主张。

　　这种课堂自由的成果可能是深刻的。比如，如果鼓励学生讨论和为以下主张或争议辩护会怎么样：

• 《乌鸦》是埃德加·爱伦·坡写的最好的诗，还是仅仅是他最成功的诗？

• 莎士比亚悲剧的代表作是《罗密欧与朱丽叶》，还是另有其他更具代表性的作品呢？

• 列奥纳多·达·芬奇的《蒙娜丽莎》成为杰作更多地是因为它的艺术性，还是因其神秘性而著称？

• 贝多芬的交响曲中哪一首绝对反映了作曲家的艺术禀赋和才能？

　　这些问题及其随后引发的讨论鼓励学生更深入地思考他们学习的质量，进而拓展他们关于艺术作品、文学作品和音乐作品的知识。

数学

在数学课程中，辩论性的好问题挑战学生使用推理和论证来建构可行的论断，并评论其他推理（CCSS. MATH. PRACTICE. MP3）。

数学证明是尝试使别人信服某些事是正确的论断或主张（Hutchings，n. d.）。证明（或主张）可以通过使用口头陈述、算法公式、数字题或文字题进行检验。学生们接受挑战去证明数学主张是绝对的（总是正确的）、有条件的（有时候是对的）或有误的（需要更多信息）。请思考下列辩论性问题如何引导学生证明有关小数乘法和除法运算的表述是绝对的还是有条件的。

你正在教一个关于多位整数与保留到百分位的小数运算的单元。 你期望你的学生：

- 知道在一个多位数字中，若同一个数字同时出现在相邻的两个数位上，左边数位上的数值是右边数位上数值的 10 倍，右边数位上的数值是其左边数位上数值的 1/10。 （CCSS. MATH. CONTENT. 5. NBT. A. 1）
- 当一个数乘 10 的乘方时，解释积中数字 0 的（增加）模式，以及十进制数乘或除以 10 的乘方时小数点位置的（移动）模式。 使用整数指数来表示 10 的乘方。 （CCSS. MATH. CONTENT. 5. NBT. A. 2）
- 根据位值原理、运算性质和（或）加减法之间的关系，使用具体模型或绘图和策略，对保留到百分位的小数进行加减乘除运算。将策略与书面方法联系起来，并解释所用的推理。 （CCSS. MATH. CONTENT. 5. NBT. B. 7）

你的学生将会处理表 7.4 中的好问题。

表 7.4 辩论性的好问题:多位整数和小数

辩论性	• 以下情况的证据是什么? －在心算小数乘或除以 10、100、1,000 时可以使用相关模式。 －整数或小数的积可以使用凑整法或相容数字法的数字来估算。 －包含小数的乘法算法是整数相乘的乘法标准算法的扩展。 －小数点的位置可以通过位值原理来确定,有时也可以通过推理数字的相对大小来决定。 －两个因数都是小于 1 的小数相乘的积小于其中任何一个因数。 －整数除法中根据除数和被除数估商的模式,可以应用于小数的除法中。相容数字法常常被用于大多数案例中。 －包含小数的除法算法是整数相除的除法标准算法的扩展。 －除数是小数的除法可以使用位值原理将除数变成一个整数来进行等效计算。

关于小数的这些传承下来的观点已经被证实是正确的,这让它们成为数学事实。数学教学的重点在于确定这些陈述在所有情况下是否都是正确的(*绝对的*),或需要进一步解释(*有误的*),还是需要取决于问题的某些参数(*有条件的*)。

例如,有一个主张是*两个因数都是小于 1 的小数相乘的积小于其中一个因数*,这个主张是绝对的(永远正确的)。另有一个主张是*小数点的位置可以通过位值原理来确定,有时也可以通过推理数字的相对大小来决定*,这个主张是有条件的(有时候是正确的)。请注意,这两个主张都可以被认为是有误的,因为它们都需进一步的详细阐述和更多的信息分析。

运用在数学中的辩论性好问题引导学生表达答案背后的逻辑和推理。追求精准认知的教学要求学生解答数学问题,并表达蕴藏在数学概念后的推理以检验他们的答案。为了达成这点,学生要将这些问题分解成独立的部分或步骤,并基于他们所了解的数学事实和操作程序,对为什么能采用这些不同的步骤作答辩。

科学

在科学课程中，辩论性问题促使学生使用基于证据的推理来为有关科学的事件和现象的主张的成立进行辩护。这些问题的目标在于引导学生证明或反驳一个科学的假设或观点。他们的论证"可以是基于前提的推论、对现有模式的归纳概括，也可以是关于最佳解释的推论"（NGSS，2013，p.71）。请考虑以下的辩论性问题如何让学生去证明共同祖先、生物多样性、自然选择和同化之间的因果关系。

———————————————————————————→

你正在上一个关于生物进化的统一性和多样性的单元。你期望你的学生做到以下几点：

- 交流关于共同祖先和生物进化的科学信息，这些信息是要得到多个经验证据的支持的。（NGSS-HS-LS4-1）
- 基于证据构建关于进化主要来自于以下四个影响因素的解释：（1）一个物种在数量增长上的潜力；（2）由于突变和有性繁殖，物种个体的遗传变异；（3）对有限资源的竞争；（4）那些能够更好地在环境中生存和繁殖的生物体的扩散。（NGSS-HS-LS4-2）
- 应用统计学和概率的概念来支持对"具有有利遗传特性的生物体与缺乏这种特性的生物体一起成比例增长"的解释。（NGSS-HS-LS4-3）
- 基于证据对"自然选择如何导致种群同化"构建解释。
- 评价证据以支持环境条件变化可能导致：（1）一些物种的数量增加；（2）随着时间的流逝，新物种的出现；（3）其他物种的灭绝。（NGSS-HS-LS4-5）

你的学生将会回答表7.5中的好问题。

表7.5　辩论性的好问题:进化

辩论性	• 通过共同祖先和生物进化,不同的物种会发生联系的证据是什么? • 有哪些有效证据可以表明进化可能来源于以下因素? 　-物种数量增长的潜力 　-由于突变和有性繁殖,物种个体的遗传变异 　-对有限资源的竞争 　-那些能够更好地在环境中生存和繁殖的生物体的扩散 • 有哪些证据能表明具有有利遗传特性的生物体倾向于与缺乏这种特性的生物体一起成比例地增长? • 自然选择导致种群同化的证据是什么? • 有哪些证据能表明环境条件的变化可能导致以下情况? 　-一些物种的数量增加 　-随着时间的流逝,新物种的出现 　-其他物种的灭绝

请注意这些标准的期望值。它们并不挑战学生去理解这些科学概念或解释这些自然过程。它们的表现性目标是要求学生去构建或支持解释,基于证据提出关于遗传和环境如何影响活体生物进化的主张。它们促使学生收集证据以支持这些科学的主张和结论。同样也促进学生用自己的观点来解释、证明或支持科学解释的有效性。

在科学课程中,辩论性问题可用于引导学生做出选择,并为做出的关于哪种设计解决方案是最有效的或最正确的决定进行辩护,以此解决现实生活中的科学问题。请考虑以下情境如何促使学生评价有关生态系统的几个相互竞争的解决方案。

你正在上一个关于地球和人类活动的单元。　你期望你的学生做到:

• 根据成本-收益比,评价关于开发、管理、利用能源和矿物资源的几个相互竞

争的设计解决方案。（NGSS-HS-ESS3-2）

学生将处理表 7.6 中的好问题。

表 7.6　辩论性的好问题：工程

辩论性	• 根据成本-效益比,关于开发、管理、利用能源和矿物资源的设计方案哪一个最有效? • 哪个最佳实践和设计方案是最具成本效益的,可以用来解决以下问题? 　-贮存、回收、资源的再利用(例如矿物、金属) 　-农业 　-开采煤炭、焦油砂和石油 　-用泵输送石油和天然气

　　这些好问题让学生参与到通过决策来解决问题的过程中。其目的在于让学生根据他们的检测、实验和调查,来决定哪种设计方案能呈现最佳成本效益比。

历史和社会研究

　　在历史课程中,辩论性问题挑战学生基于历史、政治、社会经济行为以及历史性决定和事件的精确性、适切性来质疑历史。这些好问题会让学生去质疑一项主张是基于事实还是解释。同时,这些问题也让学生更加深入地讨论历史究竟是客观的呈现还是基于过去的某一看法。请考虑以下辩论性问题如何让学生去讨论谁才是获得国民承认的美国第一任总统。

　　你正在上一个关于和美国独立战争相关的政治、经济和社会的单元。你期望你的学生做到以下几点:

- 在国家和州层面上理解革命性的政府决策。（NHS. USE3. 2）

- 生成并使用与形成重要历史的变化及连续性有关的个人及团体的问题；分析为什么他们及因他们所形成的发展历程被视为是具有重要历史意义的；评价他们行为的重要性如何随着时间而改变，并受历史环境所影响。（C3. D2. His. 3.3‑12）
- 描述并分析人们的观点如何影响他们所创作的历史资源的发展；在他们所创作的历史资源中他们的观点又是如何影响信息的可靠度，那些书写历史的视角如何形成了他们创作的历史。（C3. D2. His. 6.3‑12）

你的学生处理和回答表 7.7 中的辩论性的好问题。

表 7.7　辩论性的好问题：乔治·华盛顿

辩论性	• 公认的美国第一任总统应该继续承认是乔治·华盛顿,还是根据联邦条款任命的八位总统？

在美国宪法下通过选举而被选出的华盛顿,确实是美国的第一任总统。而另一个事实是,在华盛顿之前,八位美国人也都在《十三州联邦宪法》下通过选举,担任了一年"基于美国议会的美国总统"。这个问题的争论点不在于华盛顿是否应该被视为美国宪法下的第一任总统,而在于是否应该承认其他八位为美国总统。提出这个问题的目的在于引导学生探索这个问题的双面性,并让他们做出自己的决定,且为自己的决定做出清晰、综合和令人信服的辩护。

历史课程中的辩论性问题同样为学生提供了表达历史决定是否合理的机会。这些好问题促使学生对关于历史的行为、事件和议题进行个案研究,以进一步讨论这些情况是如何被解决的。请考虑以下辩论性问题如何为学生提供评论第二次世界大战期间美国的行为和决定的机会。

你正在上一个关于引发第二次世界大战的原因、国内外战争的特点以及二战如何重塑美国在国际事务中的角色的单元。 你期望你的学生做到以下几点：

- 评价美国对德国、意大利和日本于 1935—1941 年间侵略欧洲、非洲和亚洲的回应。 （NHS. USE8. 3. A. 5）
- 评价美国对日本使用核武器的决定，并评价该决定的后续争议。 （NHS. USE8. 3. B. 4）
- 评价在战争期间对日裔美国人进行拘留的行为，并评价公民自由的含义。

你的学生将处理和回答表 7.8 中的好问题。

表 7.8　辩论性的好问题：第二次世界大战

辩论性	<ul><li>美国在第二次世界大战中保持中立的立场，这一观点是对还是错？</li><li>日本决定轰炸珍珠港，是明智的、愚蠢的还是鲁莽的？</li><li>美国对德国、意大利和日本于 1935—1941 年间侵略欧洲、非洲和亚洲的回应是战略性的、不明智的还是轻率的？</li><li>以下战胜轴心国的计划中哪个更有效？ －罗斯福的计划是通过英吉利海峡入侵法国 －丘吉尔的计划是从地中海向北推进的间接方式 －斯大林的计划是支持尽早开放西部阵线</li><li>同盟国的计划中，下面这些要素是合理的、不合理的还是鲁莽的？ －针对德国和日本的军事行动 －在战争罪案审判中，对德国和日本领导人的惩罚 －在德国和日本强加新政府，以防止进一步推翻国际体系的企图</li><li>美国和英国设立的大西洋宪章是有效的还是无效的？</li></ul>

请考虑这些辩论性问题如何引导学生批判性地回顾历史行为和决定。辩论性问题提示学生评论这些选择的适切性、有效性和明智性，而不是识别这些决定是什么或是如何形成的。这些问题促使学生发展对这些历史观点、事件、人物和议题的深度理解。

结论

在辩论性问题中，正确的回答处在问题本身之中。 正确的回答与做出决定、给出选择、表明立场有关。由学生决定为一个选择、主张、结论、争议是否正确并且为之辩护。学生们同样也学到了:并非所有议题、问题或情境都能被最终解决。更重要的是,辩论性问题引发学生呈现他们自己关于批判性观点和议题的评论,并提供有效的推理和相关且足够的证据,以维护和支持他们的观点。

专业发展

如何研制引发选择、主张和争议的辩论性的好问题

目　　标 ┄┄┄┄→

通过处理不同意见和观点倾向,研制出追求精准认知的超越教与学的辩论性的好问题。

参考材料 ┄┄┄┄┄┄┄→

• 你所在的地区推行的为升入大学及就业做好准备的标准
• 你所在的学校采用的课程和教材
• 好问题和布鲁姆的教育目标分类学(表 1.2)
• 好问题和韦伯的知识深度模型(表 1.4)

步　　骤 ┄┄┄┄┄┄┄┄→

1. 确定将在一节课或一个单元的学习中涉及的那部分学术标准、文本和主题。

2. 确定文本中的中心思想和关键详述。使用表 7.9 来帮助你表述辩论性的好问题,提示学生对由文本或作者提出的主张、结论、论点的逻辑、推理和有效性进行评论和批判。

3. 调查看待同一个概念、事件、人物或议题的多重视角和多种观点。提出辩

论性的好问题,要求学生在得出结论和做出决定之前要从各方面进行检测和评价。

4. 确定能用是或否来回答的情况、议题、问题和情境,将它们改写为能让学生选择是……还是……的辩论性的好问题。

5. 探究那些被认为是非常复杂的、有争议的或棘手的真正现实生活中的情况、议题、问题和情境。提出辩论性的好问题,要求学生给出这些情况和情境*什么应该*或*应该如何*解决的推荐与建议。

表 7.9　辩论性的好问题生成表

	是		还是	
	过去是		还是	
	应该是		还是	
	能够是		还是	
决定和维护	将要是		还是	
	可能是		还是	
	应该做什么			
	应该如何			
	为什么应该			
	需要或必须什么			

第八章

情感性的好问题如何促进差异化和个性化发展？

你正在教授一个有关国家与社会的程序、规则和法律，以及规定和指引这个国家和社会的公民道德和民主原则的单元。 你的学生被期望做到以下事项：

- 确定引领政府、社会和社区群体的核心公民道德与民主原则；分析美国发布的政府文件中的相关观点和原则；解释它们如何影响社会和政治制度；评价社会和政治制度。（C3. D2. Civ. 8.3 - 12）
- 确定自己或他人对公民问题的信仰、经历、思维方式和价值观；解释当人们在处理国家和公民社会中的事件时，个人的兴趣爱好与思维方式、公民道德、民主原则之间的相关性；分析运用公民道德、民主原则、宪法权力和人民权力时，个人兴趣爱好与思维方式的影响及它们的作用。（C3. D2. Civ. 10.3 - 12）

你的学生将会回答表 8.1 中的好问题。

表 8.1　情感性的好问题：政府

情感性	对于当前影响你所在社区的某个公共事件,你的观点是什么？ 对于既有的公共争议、演讲或者决策的话题的一些争端,你的倾向是什么？

情感性	美国政府或国际政府机构与官员应该如何处理某些全球性事件，你的想法是什么？ 当与他人进行交流时，你如何运用公民道德和民主原则？ 在与他人就公共事件进行交流时，你如何确保你能运用公民道德和民主原则？ 在处理公共事件时，你觉得应该运用什么美德和原则？

追求精准认知的教与学把教学的重点，聚焦于从证明高阶思维（布鲁姆的教育目标分类学修订版）到强调学生认知和理解的程度（韦伯的知识深度模型层级）。然而在学生们学习了大量的要素（*stuff*）之后，我们真正想要他们做的是什么呢？

让我们近距离来审视一下在关于政府和社会的民主原则方面，向学生提出的好问题。我们并不是要让他们描述这些原则是什么或者解释如何及为何它们规定和指引了程序和规则，也不是要让他们考虑不同的情况或者在辩论中采取的立场。我们只是想让学生们表达你的意见、观点、想法是什么。想让每一个学生展示你将如何运用公民道德和民主原则，分享在处理公共事件时你是怎样思考的。这些问题的教学重点和总结性评价不在于学生对这些概念、内容知道和理解得有多深，而在于学生对于这些主题的直觉（或者说倾向），在于学生如何清晰地表达个人态度、信仰和价值观。这就是所谓的情感性学习，它指导和评价要求学生展示和交流自身利用知识*所做*、*所信*、*所思*、*所感*或者*所能*达到的深度和广度（Krathwohl，Bloom & Masia，1964）。

情感性的好问题有助于学生审视自己的意见和观点，而不是只考察概念和内容，这样的问题激励学生展示他们能做什么，或展示他们现在会、过去是、将来将如何解决一个问题、处理一个难题或者完成一个任务。

情感性的好问题是做什么的

情感性的好问题特别强调个人的表达，尤其是学生如何有说服力地展示和交流他们个人学习的深度以及他们的感受。这样的问题促进学生做以下的事情：

- 传达他们对于一个特定文本或者主题的所信、所感、所思。
- 表达他们对于一个特定观点、事件、个体或者问题的意见、观点或者想法。
- 根据给定的条件或者内容，分享他们将会做什么。
- 展示他们如何或者将要如何回答一个问题、处理一个难题或者完成一个任务。

本章使用的"情感性（*affective*）"一词与"情感的（*emotional*）"（一种重要的教学方向）一词同义，但遗憾的是它不强调标准和基于评价的学习。它期望学生表达倾向、情绪和感受，可以在布鲁姆的教育目标分类学修订版的情感域中找到，表达这些情感的行为动作如下：

接受——*你是如何获取、确认、处理信息，然后形成对于事件、经历和处境的认知？*

回应——*你如何回应观点、事件、个体以及议题，然后由此受到触动，形成对于文本和主题的更深入的理解和学习？*

评价——*你如何建立和表达对于一个行为、一段经历、一个事物、一种现象或者一个问题的信念、观点和价值感？*

组织——*你如何将信念和观点加工形成具有系统性的但可能与他人观点发生冲突的价值观？*

塑造或者**内化**——*你如何将系统性的价值观发展成为一种哲学或生活方式，并能否利用其来促进预期和经验的达成？*（Krathwohl et al.，1964）

请注意布鲁姆的教育目标分类学中的情感域所要处理的是：与学习相关的态度、情感、感受、动机、哲学和价值观。它聚焦于学生本身，而不是技能、策略或者学科。分类学中的类别详细描述了学生个体如何处理和应对观点和信息，如何在情感层面上而不是认知层面上去表达个人对于文本和主题的个人意识和态度。情感域为精准教学带来了行为视角。

当他们在韦伯的知识深度模型最高层级（DOK－3 和 DOK－4）上继续学习交

流知识时,情感性的好问题通过考验学生,让他们展示对于布鲁姆的教育目标分类学中的最高类别(创造)的思考,来提升精准认知。请记住,精准认知是布鲁姆的教育目标分类学修订版的认知域与韦伯的知识深度模型的层级相叠加,但是并没有包括布鲁姆的教育目标分类学修订版中的情感域;然而,情感性的好问题确实包含了这个学习维度。这也是情感性的好问题为什么使用你这个代词来强调学生是教学的主要目标。我们希望学生能够证明并交流他们是如何独立地将所学知识和经验内化加工成个人专长的。

让我们来看看情感性的好问题是如何将教学的重点从展示思维和交流知识转移到表达和分享对所教授内容的情感。

差异化与个性化

情感性的好问题激励学生使用自己独特的方式分享自己学习的深度(Coil,2004;Tomlinson,1999;Wormelli,2007)。思考表 8.2 中的情感性的好问题如何将重点从对于学科的深度思考转向学生本身以及他们对于学科的看法。

表 8.2 创造情感性的好问题

原 始 问 题	情感性的好问题
如何呈现和解决有关乘法的问题?	你如何呈现和解决有关乘法的问题?
英雄和偶像之间的区别是什么?	你觉得英雄和偶像之间的区别是什么?
描述两个数量之间的比率关系时,如何运用比率语言?	描述两个数量之间的比率关系时,你将如何运用比率语言?
气候地图如何提供以下信息? ● 区域气候 ● 区域降水量 ● 区域的气象状况 ● 一段时间内的区域气候变化	你将如何运用气候地图来寻找以下信息? ● 区域气候 ● 区域降水量 ● 区域的气象状况 ● 一段时间内的区域气候变化
是什么导致了美国的超验主义运动的结果?	你觉得是什么导致了美国超验主义运动的结束?

续表

原 始 问 题	情感性的好问题
如果科技发展到可以让人类自己选择生物性状，会发生什么？	如果科技发展到可以让人类自己选择生物性状，你觉得会发生什么？
冥王星应该被纳入九大行星、还是应被排除在九大行星之外，或者被赋予一个特殊的名称？	你觉得冥王星应该被纳入九大行星、还是应被排除在九大行星之外，或者被赋予一个特殊的名称？

请注意，表8.2中教学重点的转变虽只有微妙变化但却是有效的。右侧栏目中的精准认知问题都是促进精准认知发展的好问题，它们鼓励学生在布鲁姆的教育目标分类学修订版及韦伯的知识深度模型的不同层级上进行深入思考，表达他们的学习，并挑战学生展示更有深度的知识与思考。

请注意重点。这些问题的重点不仅是关注学生，不在于特定的技巧、策略或者主题，而是鼓励学生像分享知识的深度一样分享观点或意见的深度。这些观点或者意见都是真实的，而且可能会是相互之间有很大差异的，因为它们真正反映了每个学生对于同一个主题的各自态度及其认识度。

情感性的好问题与自驱类问题相似，都使用你这个代词来促进差异化和个性化发展。自驱类的好问题可以激励学生运用他们的技能和天赋进行创造、设计、开发或者制造不同种类的手工艺品（一个文件、一个计划、一个产品、一个项目），来表现他们学习的深度。然而，情感性的好问题属于更私密、更内化的问题，涉及到学生个人的、主动的和真实的教育体验。

自我认知和自我意识

情感性的好问题与分析性的好问题也相类似，都拓展了学生在不同情况下迁移和使用的概念和过程的相关知识。除此之外，情感性问题通过促进学生展现他们如何运用不同的特定主题的技能和策略来研究现象、解决问题，还能拓展学生的思维发展。思考在表8.3中的情感性问题如何将教学重点从理解和解释转向更多的学习实践。

请注意在表 8.3 中，如何将数学课程中的表现性目标转化为分析性的好问题和情感性的好问题，但每个问题的精准认知的侧重点都是不同的。分析性的好问题的目的是弄清如何运用特定学科的主题技能或者策略获得答案和结果；情感性的好问题引导学生交流他们如何运用特定的算法、公式、方法或者技巧来解释。

表 8.3　分析性的好问题与情感性的好问题

为升入大学及就业做好准备的数学标准	分析性的好问题	情感性的好问题
呈现和解决涉及加减法的问题。	如何呈现和解决加法的问题？	你将如何呈现和解决加减法的问题？
使用位值知识和运算属性进行多位运算。	如何运用以下的知识进行多位运算？ ● 位值知识 ● 运算属性	你将如何运用以下的知识进行多位运算？ ● 位值知识 ● 运算属性
在单位分数的基础上形成分数。	如何在单位分数的基础上形成分数？	你将如何在单位分数的基础上形成分数？
在给定的测量系统中转换测量单位。	如何在给定的测量系统中转换测量单位？	你将如何在给定的测量系统中转换测量单位？
解决涉及面积、表面积和体积的现实生活中的数学问题。	如何解决以下有关现实生活中的数学问题？ ● 面积 ● 表面积 ● 体积	你将如何解决以下有关现实生活中的数学问题？ ● 面积 ● 表面积 ● 体积
分析比例关系并使用它们解决现实中的数学问题。	如何分析和使用比例关系来解决现实中的数学问题？	你将如何分析和使用比例关系来解决现实中的数学问题？
分析、解决线性方程组和联立线性方程组。	如何分析和解决以下方程组？ ● 线性方程组 ● 联立线性方程组	你将如何分析和解决以下方程组？ ● 线性方程组 ● 联立线性方程组
汇总、表示并解释有关单一数量和测量变量的数据。	如何汇总、表示和解释单一数量和测量变量的数据？	你将如何汇总、表示和解释单一数量和测量变量的数据？

续表

为升入大学及就业做好准备的数学标准	分析性的好问题	情感性的好问题
表示复数及其在复平面上的运算。	如何表示复数及其在复平面上的运算?	你将如何表示复数及其在复平面上的运算?
运用多项恒等式解决问题。	如何运用多项恒等式解决问题?	你将如何运用多项恒等式解决问题?
解释在不同使用情境下产生的函数。	如何解释在不同使用情境下产生的函数?	你将如何解释在不同使用情境下产生的函数?
证明几何定理。	如何证明几何定理?	你将如何证明几何定理?

条件性知识和情境性的知识

情感性的好问题与假设性的好问题同样类似,都鼓励学生思考、假设或者假想如果……会怎样。假设性问题吸引学生批判性地思考在一个特定情境下可能发生什么或者即将发生什么,然而,跟假设性问题不同的是,情感性的好问题鼓励学生批判性地思考在一个特定情境下他们能够或者会如何。思考下面的场景如何让学生表述他们能够或者将会如何来解决涉及力与运动的问题。

你正在教授有关力与运动的单元,你的学生被期望达成的学习目标是:
- 运用牛顿第三定律设计一个涉及两个物体碰撞产生的运动问题的解决方案。
（NGSS MS-PS2-1）

你的学生将回答表8.4中的问题

表 8.4 自驱类、假设性的和情感性的好问题

自驱类的好问题	
借助牛顿第三定律你能设计出何种方式来解决一个涉及两个物体碰撞产生的运动问题？	
假设性的好问题	情感性的好问题
该如何运用牛顿第三定律来解决一个设计两个物体碰撞产生的运动问题？	你该如何运用牛顿第三定律来解决一个涉及两个物体碰撞产生的运动问题？

请注意这些问题教学重点的不同。自驱类问题侧重于可以使用牛顿第三定律设计何种方式来解决问题。情感性的好问题偏向于学生中心——学生该如何个性化地借助牛顿第三定律找到解决方案的。这种问题的聚焦点是学生。

情感性的好问题还询问学生在各种情境中会如何或是如何运用他们所学的知识。这种问题也可以是自驱类的好问题，激励学生在特定的情境中通过创造、制作或者生产某些东西来解决特定的问题。考虑下面的场景：

你正在教授一个有关公民参与和协商的单元，你的学生被期望达成以下学习目标：

• 在学校和社区环境中运用公民道德和民主原则，并与他人合作。（C3. D2. Civ. 7. K‑12）

• 代表一个群体在多个环境中作出决定或判断时，遵循和使用商定的规则进行讨论、推进协商进程。（C3. D2. Civ. 9. K‑12）

你的学生将处理和回答表 8.5 中好问题。

表 8.5 自驱类的好问题：公民参与

自驱类的好问题	
你是如何运用公民道德和民主原则,解决和回应发生在你的学校和当地社区中的特定环境、事件、问题或情境?	
假设性的好问题	**情感性的好问题**
在以下情境中如何运用公民道德和民主原则? ● 学校环境 ● 社会环境 ● 与他人一起工作 代表一个群体在多个环境中作出决定或判断时,该如何遵循和使用商定的规则进行讨论、推进协商进程?	在以下的情境中,你会如何运用公民道德和民主原则? ● 学校环境 ● 社会环境 ● 与他人一起工作 代表一个群体在多个环境中作出决定或判断时,你会如何遵循和使用商定的规则进行讨论、推进协商进程?

假设性问题和情感性问题之间教学重点的差异是明显的。假设性问题侧重于在多个环境中,*该如何*运用公民道德和民主原则的;情感性问题强调在不同环境中每个学生会*如何*运用这些公民道德和民主原则。自驱类问题也是一类情感性的好问题,它们询问学生是*如何*或将如何运用公民原则和民主来解决一个特定的问题。然而,这些问题更多地被认为是自驱类问题,因为它们要求学生在特定的环境中去做某事或提出某种解决方式。

视角与观点

情感性的好问题与辩论性问题也较为相似,都促使学生使用有效的推理和充足的证据作出选择,并维护决定。然而,对情感性的好问题的回应是基于个人的观点,更多地受到学生观点而不是事实与逻辑的驱动。思考表 8.6 中情感性的好问题如何引导和鼓励学生表达与分享个人关于某一主题或话题的视角和观点。

表 8.6　对比问题：糟糕的问题、辩论性的好问题、情感性的好问题

糟糕的问题	辩论性的好问题	情感性的好问题
阅读和数学应在整个课程学习中教授吗？	在整个课程的学习中教授阅读和数学，是应在特定的班级内教授，还是只是在特定的班级和时间内教授？	你觉得阅读和数学应在整个课程学习中教授吗？
科学技术使我们更孤独、更孤立吗？	科学技术使我们更孤立，还是与他人联系更紧密？	对于科学技术是使我们更孤立，还是与他人联系更紧密，你的观点是什么？
如果足球对于球员有伤害，我们还应该观看足球比赛吗？	相比其他体育竞技和运动，足球是危险的、不危险的还是跟其他运动差不多？	对于认为足球是危险的及是否应该在电视里面直播，你的观点是什么？
如果你可以拥有任意一项超能力，你希望是什么？	拥有一项超能力是一种幸运还是一种诅咒？	你想拥有一项超能力吗，为什么？
下一任总统将如何改善美国经济？	在下一任总统的经营下，美国经济将得到改善，还是下降，或是保持原样？	你觉得下一任总统将如何改善美国经济？
现代文化破坏了童年吗？	现代文化是破坏了还是改善了童年？	关于现代文化对童年的影响，你觉得怎样？
网上学习和面对面学习一样有效吗？	网上学习和面对面学习哪个方式更好？	你觉得网上学习和面对面学习，哪种方式更好？

　　请注意以上三种问题之间的差异。第一列问题之所以被认为是"糟糕的"，主要是因为它们直接提示或者限制了学生的思考和回应；辩论性的好问题强调学生如何运用有效的推理和特定的证据维护自己的主张；情感性的好问题主要基于学生的个人观点与视角进行回答。

　　情感性问题鼓励学生进行辩论和讨论，但是它们的意图是提出和说服。目标是为了让学生向观众分享和展示自己的观点和意见，或许这将改变观众的观点。在表 8.6 中，辩论性问题期望学生通过提出一个主张来回应，并使用有效的推理和证据来维护自己的主张或驳斥别人的主张。情感性的好问题则要求学生们基于相同的标准，及基于自身接受的教育与自身经验形成的专业知识，来分享他们

的视角与观点。

如何运用情感性的好问题进行教学

情感性问题是非常主观的，并且以学生为中心的。学生如何解决这些问题完全是基于个人认识和态度。因为他们反映和表现的是自身的思考和倾向的深度与广度，他们的回应将会带有非常强烈的情感色彩。学生同时还需要学习如何率真、有说服力并且适当地表达自己的见解，并注意他人的观点与视角。

为了做到上面这些，在回答情感性的好问题时，鼓励学生将自己当成是某一特定领域、学科或者研究领域的专家。当自己的同学"成为"专家时，要求学生对这些同学回报以尊重。所有的学生都应有自由和灵活表达观点的权利。谨记情感性的好问题是指向学生的，并且是有关于他们如何表达自己所学的。让我们来看看在整个课程中如何运用情感性问题，来鼓励"专家"对文本和主题进行专业的探讨。

英语艺术、美术、视觉艺术

情感性问题将学生变成批判者或者评论者，依据优点、质量和价值来评判一个文本或作品。学生被期望批判性地思考作家、艺术家或音乐家在他们的作品中是如何运用他们各自行业的工艺和惯例的。然而，学生对于情感性问题的回应是个人的评判，它是基于个人的情感、认知甚至个人哲学而形成的。也应鼓励学生对他人的主张进行辩护。思考以下情感性的好问题如何引导学生表达他们对马克·吐温《哈克贝利·芬历险记》（*The Adventures of Huckleberry Finn*）的观点和想法。

你正在教授关于马克·吐温的《哈克贝利·芬历险记》的小说研究，你的学生被期望达成以下学习目标：

- 仔细阅读，明确文本的主要内容，并据此作出逻辑推断；在写作或演讲时引用具体的文本证据，以支持从文本中得出的结论。（CCSS. ELA-Literacy. CCRA. R. 1）

- 确定文本的中心思想或主题，并分析其发展；概括关键的支持性细节与观点。（CCSS. ELA-Literacy. CCRA. R. 2）

- 分析文本结构，包括具体的句子、段落或者更大部分（如，一部分、一章、一幕或诗的一节）之间的相互关系，以及这部分和全文之间的关系。（CCSS. ELA-Literacy. CCRA. R. 5）

- 评价观点或视角是如何影响内容与风格的塑造的。（CCSS. ELA-Literacy. CCRA. R. 6）

- 描述和评价文本的论述和具体主张，包括推理的合理性和证据的相关性、充分性。（CCSS. ELA-Literacy. CCRA. R. 8）

- 使用合理的推理和相关的、充分的证据来撰写论证，以支持对实质性主题或文本中主张的分析。（CCSS. ELA-Literacy. CCRA. W. 1）

- 从文学作品或说明文中提取用以支持分析、反思和研究的证据。（CCSS. ELA-Literacy. CCRA. W. 9）

- 评价演讲者的观点、推理、使用的证据和修辞。（CCSS. ELA-Literacy. CCRA. SL. 3）

- 运用语言知识，了解在不同情境下的语言功能，对语言的意义或风格做出有效的选择，并在阅读或聆听时更充分地理解语言。（CCSS. ELA-Literacy. CCRA. L. 3）

你的学生将解决和回答表8.7中好问题。

表 8.7　情感性的好问题：《哈克贝利·芬历险记》

情感性	对于针对马克·吐温的《哈克贝利·芬历险记》的争论与批评，你的看法是什么？ 对于将《哈克贝利·芬历险记》作为一个古典文学作品，你的观点是什么？ 对于《哈克贝利·芬历险记》的独特结构与风格，你的想法是什么？

情感性	对于将马克·吐温的《哈克贝利·芬历险记》看作是对战前美国的社会评论并将它视为是公民社会的原则和美德,你的想法是什么？ 艾伦·格里本出版了《哈克贝利·芬历险记》的另一版本,在这个版本中他使用了政治上更为正确和可接受的术语替代了马克·吐温的版本中包含的种族主义的措辞,对此你的想法是什么？ 对于马克·吐温的《哈克贝利·芬历险记》及读者和社会对这一小说的反应、看法、回应,你的观点是什么？

请思考一下情感性的好问题的目标。它们没有要求学生对《哈克贝利·芬历险记》的主要思想和细节进行文学分析,也没有要求学生对作品的风格进行分析,或是去批判性地思考作者是如何形成这样的思路的。这些问题旨在促使学生表达自己对于小说的看法和观点,呈现自己对于某些段落和引用的含义的解释。最重要的是,这些问题激励学生表达自己对于小说的观点,同时表达自己是否赞同别人对于小说的评论与批评。尽管他们的评论是基于个人观点而非对于作品的分析与评价,但学生们确实仍然需要使用有效的推理和充足的证据支持自己的观点。

数学

在数学课程中使用情感性的好问题,能将教学重点转向学生本身,而不是停留在计算技能与策略上。这些问题鼓励学生去表达他们自己现在会、过去是以及将来如何运用数学来解决课堂上各式各样的数学习题和现实生活中的问题。回想一下表 8.3(p. 138)中的情感性问题,如何将教学的重点从阐述怎样运用特定学科的技能转变为促使学生证实自己怎样运用特定的方法或者技能解决数学问题。

情感性问题也鼓励学生表达个人对于数学的态度和看法,以及他们如何迁移并使用概念与过程来解决问题。向学生提问他们所相信或认为的解决某个特定问题的最好办法是什么,而不是单纯地要求他们去使用某个特定程序,这样一来,这些好问题使数学的学习更为个性化和感性化。思考以下情境如何让学生去选择他们认为的最好的解答特定数学习题或解决现实问题的数学方法、策略或者技巧。

                                 ➤

你正在教授有关多位数整数的运算并将其结果保留到小数后两位的运算的单元，你的学生要达到的学习目标如下：

- 使用基于位值的策略、运算特性和乘除法之间的关系，在被除数是四位数整数、除数是两位数整数的除法中判定整数商。 使用方程式、矩形数列和面积模型描述和解释这类计算。 （CCSS. MATH. CONTENT. 5. NBT. B. 6）

你的学生将解决和回答表8.8中好问题。

表 8.8　情感性的好问题：多位数整数与小数

情感性	你将使用以下哪种或哪些策略来帮助你判定在被除数是四位数整数、除数是两位数整数的除法中，其商是整数,并解释为什么？ ● 部分商 ● 位值策略 ● 涉及运算性质的策略 ● 乘除法之间的关系 ● 分配律 ● 乘法 ● 比例推理 ● 开放数组 ● 组

一个假设性的好问题提问学生是如何运用一系列数学策略判定在被除数是四位数整数、除数是两位数整数的除法中商为整数的。情感性问题通过给学生决

定使用策略的自由促进了精准认知,并使学习体验变得个性化。这种方法展示了促进差异化的理解与思维。

为数学课程创设情感性的好问题,只要在分析性问题和假设性问题中加入人称代词你,就是这么简单。但正是这一微妙的改变增加了思维的复杂性,加深了理解的深度,并将情感因素融入到数学教学中,最终增强了数学素养并提高了学生学习的自信心。

科学

在科学课程中情感性的好问题服务于三个作用。第一个作用是促使学生去交流何种模式能被发展并用来解释自然事件或现象。这些问题是典型的自驱类问题,因为它们旨在让学生通过基于项目的学习来展示他们的理解与思维(请看第二章,回顾如何研制科学课程中的自驱类的好问题)。

第二个作用是促使学生批判性、创造性地思考,他们能用科学做什么,或者如何运用科学来解释自然事件和现象。这些问题都是鼓励学生像科学家那样思考的好问题,运用对科学实践的深度知识来解释我们的世界和存在于其中的自然力量。思考表 8.9 中的表现性目标,思考它们是如何被转换成情感性问题,并被用来促使学生用科学方法和原则去解释自然世界和特定事件的。

表 8.9　基于科学标准提出的情感性问题

为升入大学及就业做好准备的科学标准	情感性的好问题
运用观察法描述植物和动物(包括人类)需要的生存模式。(NGSS-K-LS1-1)	你会如何运用观察法来描述植物和动物(包括人类)需要的生存模式?
基于对太阳、月亮以及星星的观测,描述能预测到的它们的现象。(NGSS-1-ESS1-1)	你会如何基于对太阳、月亮以及星星的观测,来描述能预测到的它们的现象?
在众多资源中寻找相关信息,提供证据证明地球上的自然事件可能发生得很快也可能很慢。(NGSS-2-ESS1-1)	你会如何在众多资源中寻找相关信息,提供证据证明地球上的自然事件可能发生得很快也可能很慢?

续表

为升入大学及就业做好准备的科学标准	情感性的好问题
分析并解释来自于化石中的数据，同时提供证据证明化石所处的很久以前的年代生物和环境的情况。(NGSS-3-LS4-1)	你会如何分析并解释来自于化石中的数据，同时提供证据证明化石所处的很久以前的年代生物和环境的情况？
从岩石形成模式和岩石的化石中确定证据，证明地形随时间的推移而发生变化。(NGSS-4-ESS1-1)	你会如何从岩石形成模式和岩石的化石中确定证据，证明地形随时间的推移而发生变化？
获取并整合各个社区运用科学理念保护地球资源和环境的信息。	你会如何获取并整合各个社区运用科学理念保护地球资源和环境的信息？

这些情感性问题鼓励学生解释这些自然界事件和发生的事情与存在的情况。它们的关注重点不是事件本身，甚至不是思维层级与知识深度。这些问题要求考查学生展示和交流他们个人如何运用信息和观察，来分析与解释数据或证据，或应用科学原理来解释事件和现象背后的科学。

假设性的好问题的第三个作用，是鼓励学生分享他们的意见与观点，并参与到对当前发生的事件与已提出的科学假设与想法的辩论、对话与讨论中。它们也鼓励学生对当前自然世界的状态进行评价，就人类如何保护自然资源提出建议。情感性问题也有助于拓宽学生的知识面，拓展他们的思维。这些问题并非是要让学生去认同一个特定的观点，而是鼓励学生用批判的眼光去审视问题。与辩论性问题一样，情感性问题也应该仔细斟酌措辞，这样学生才会对自己的回答进行解释或提供证据，而不是简单地回答是或不是、同意或不同意。

历史和社会研究

在历史和社会研究课程中，情感性问题为学生提供了一个机会，来表达他们对历史上的重要事件、关键人物和历史问题的个人观点与看法。这些好问题允许学生对历史作出自己的回应，而不是简单地接受书本中或者老师提出的事实。思考以下情境如何鼓励学生得出自己对工业革命的影响的结论，并表达自己的想法。

你正在教授一个单元，这个单元的内容是有关公司的兴起、重工业的发展和机械化耕作的出现如何改变美国社会的。 你的学生被期望达到以下学习目标：

- 理解工业化、现代企业的出现和物质财富之间的关系。（NHS. USE6. 1. A）
- 创造并使用年代表来分析和评价历史事件及其发展如何受到时间、地点和更广泛的历史背景这些独特因素的影响。（C3. D2. His. 1. 3 - 12）
- 解释为什么在同一历史时期的个体和群体有着不同的观点，分析在不同历史时期影响人们观点的复杂且相互作用的因素。（C3. D2. His. 4. 3 - 12）
- 解释和分析历史事件多样而且复杂的起因和结果。（C3. D2. His. 14. 3 - 12）
- 评价历史事件各种起因和发展的相对影响，并在历史发展的争论中区分长期积淀原因和导火线事件之间的不同。（C3. D2. His. 15. 6 - 12）

你的学生将回答表 8.10 中好问题。

表 8.10　情感性的好问题：工业化

情感性	关于在历史上和现在,工业革命如何对美国和世界产生影响,你的想法是什么？ 你认为工业革命中哪项技术突破或技术革新对于美国历史和现在最有影响？ 你认为工业革命中的哪位工业或金融界的领袖,对美国历史和现在的成长与发展影响最大？ 你认为能够在未来得到更好发展的现有或新兴的产业将是哪个？ 你认为对美国经济、劳动力和社会的影响最大的技术创新是哪个？ 你认为下一个改变美国经济、劳动力和社会的技术创新会是什么？ 你认为对美国经济、劳动力和社会产生了重大影响的现代工业、公司或金融界领袖是谁？ 你认为在未来,哪种工业、哪家公司或者哪位金融界领袖会对或者将对美国的经济、劳动力和社会产生影响？

请注意学生被期望表达的观点或视角的深度。他们被引导着去表达哪些是

他们所信、所感或所想的，哪些是对美国影响最大的产业、个人和创新。学生也被鼓励去拓展他们的思维，并表达他们所信、所感和所想的现在或将来会对美国经济、劳动力市场及社会产生影响的行业、个人和创新因素是哪些。

除了为学生提供表达观点和视角的机会以外，情感性的好问题指导学生认识到历史、公民的行动和决策不是由某个特定的个体、团体或社群形成的因素所能决定的。同时，情感性问题对于学生以率真的方式形成和表达个人结论，分享个人态度、信仰和感受来说，也是非常合适的。

结论

情感性的好问题着重于设法让学生们交谈使用自己的专业知识可以做什么，并且与其他人分享自己的观点。更重要的是，这些问题包含了一个深层学习的重要元素，即个人能力、态度和意识的交流。谨记学生在表达与分享自己的观点时，要给予他们足够的灵活度和自由度。我们要评价他们回答的精确性和可接受性，教授他们如何得体地、真实地表达自己。

专业发展

如何研制促进差异化和个性化发展的情感性的好问题

目　　标 ·········>

研制假设性的好问题，通过处理差异化和个性化发展，超越教与学的范畴，达到精准认知。

参考资料 ··············>

- 你所在的地区推行的为升入大学及就业做好准备的标准
- 你所在的学校采用的课程和教材
- 好问题和布鲁姆的教育目标分类学（表 1.2）

- 好问题和韦伯的知识深度模型(表1.4)

步　骤 · · · · · · · · · · · · · · · · · · ·＞

1. 确定将在一节课或一个单元的学习中涉及的那部分的学术标准、文本和主题。

2. 确定将阅读或评论的文本或主题的中心思想。使用表8.11，将这些中心思想列在相应的要求学生去传达你所信、所感和所思的疑问短句旁。

3. 确定将学习的主题及作者、起因和文本所提出的主张或结论。将这些特定的主题或主张写在相应的要求学生去表达你的意见、看法、观点或想法是什么的疑问短句旁。

4. 回忆一下分析性问题的研制，这类问题是基于学术标准中的表现性目标，要求学生去判断(一种技能或一个策略)*如何*能被用来回答一个问题、解决一道习题或完成一项任务。改写这类问题，让学生去分享你如何用这一学科的特定技能或策略去研究现象、解决问题。

5. 回忆一下假设性问题的研制，这类问题基于学术标准中的表现性目标，要求学生去思考(一种技能或一个策略)*曾如何*或*假设将如何*被用于去回答一个问题、解决一道习题或完成一项任务。改写这类问题，让学生去展示你曾如何或你将如何用某个策略或某种技能去处理或回应一种情况、一个问题、一道习题或者一种局面。

6. 要经常明确地告诉学生，人称代词*你*表明学习的重点是学生你自身的认知，而不是单纯学习某个技能、策略或者学科的知识。

表8.11　情感性的好问题生成表

传达	(关于)	你相信什么？
	(对于)	你觉得怎样？
	(在……方面)	你认为怎样？
表达	(对于)	你的意见是什么？
	(关于)	你的看法是什么？
	(在……方面)	你的想法是什么？

分享	（对于）	你能创造出什么？
	（在……方面）	你能设计什么？
	（针对）	你能形成什么？
	（关于）	你能计划什么？
	（在……方面）	你能产生什么？
展示	（如果）	你怎么做？
	（假如）	你将怎么做？
	（一旦）	你能形成怎么样的原始文本？
	（如果）	你能形成和使用什么样的模型？
	（假设）	你能呈现什么样的学术或现实生活中的问题？

第九章

自发性的好问题如何调动学生学习的积极性?

你正在教授关于 18 和 19 世纪的政治革命的起因和结果的单元，你的学生被期望：

• 理解法国大革命是如何为促进欧洲及世界的变革作出贡献的。（NHS. WHE7. 1. A）

你的学生将处理和回应表9.1 中的问题。

表 9.1　自发性的好问题：法国大革命

自发性	你想学习哪些关于法国大革命的内容?

表 9.1 中的问题挑战学生们去批判性地思考，并表达自己关于法国大革命的起因和结果的更有深度的理解。它还特别明确提问学生你想要学习哪些关于法国大革命的内容？这一好问题会调动学生自主学习的积极性，提供给他们表达分享自己真正想要了解、理解和学习这一主题的机会。

追求精准认知的提问需要学生去交流他们学习的深度，并研制他们想要以自己的独特方式去调查、探索、实验或者研究的问题。

自发性的好问题是做什么

自发性的好问题可以引发好奇心，特别是，与生俱来的求知欲引导我们更深入地去探究一个我们个人感兴趣的主题。好问题鼓励学生做以下这些事情：

- **思考**你还想更多地学到关于概念和主题的哪些内容。
- **深思**你还能从一个特定的文本或主题中学到些什么。
- 与全班同学**交流**你学到了哪些与这一主题相关的知识。
- **选择**你想如何与全班同学分享你学到的知识。

自发性问题直接来源于学生，认知的精准度可因他们对一个主题的兴趣不同而有所差异。一些学生决定对知识进行更深入的分析（DOK-1），另一些学生可能会选择审视如何运用知识（DOK-2）或者对知识为何能在某个情景中运用进行研究（DOK-3）。还有一些大胆的学生想要看看这些知识还能做什么或者还能如何运用（DOK-4）。只要这些问题来源于学生，并且激励他们对自己的学习承担责任，这就是好问题。

如何使用自发性的好问题进行教学

引导学生生成问题的自发性问题教学的目标是要让学生分享他们已经获得的知识与形成的思考。在这一过程中，教育工作者成为了学习的促进者，并督导学生们清晰、全面和创造性地表达自我。以下是一些帮助教师加快学习进程的技巧。

- 向学生们呈现精准认知问题框架，询问*他们*想要学习什么。给他们至少一天的时间提出自己的自发性的好问题，然后与全班分享。这个自发性问题可以是任何一个精准认知问题。它可以是一个事实性的、分析性的、反思性

的、假设性的、辩论性的或者情感性的好问题，这类问题期望学生去进行特
定细节的研究、深入调查、考察关联、运用想象、辩护结论，然后分享自己学
到了什么。只要这些问题是来源于学生的，并且激励他们承担起自己学习
的责任，这就是好问题。不要强迫学生提问题，即使提出的那个问题可能会
让他们在更高的层级上表现思考力。只要让他们知道你只是期待一个更具
体、更深入的回应。

- 教学生什么是精准认知，以及它如何促进高阶思维与学习知识的深度。将
  表 1.2 和表 1.4 中的好问题的副本作为资源给到他们。然后再给他们包含
  常用疑问词、词组或短句（见附录 A）的精准认知问题框架（CRQ），帮助他
  们通过研究与设计他们的问题陈述来研制好问题。如果一个学生提出了一
  个使整个班级都能受益的好问题，那么请表扬这个学生，并将此问题纳入到
  对这一主题的探究中去。

- 为那些正在努力研制问题的学生提供部分帮助，以确保所有的学生都能和
  全班分享自己的自发性问题。

- 如果有需要并合适的话，团队合作设计研制。如果某个学生自己不能创设
  出一个自发性的好问题，可以让他询问同学是否愿意一起来合作共同设计。

- 如果有学生提出"为什么我们要学这个？"这样的自发性问题，请不要批评学
  生。因为这个问题也能够让学生对学习内容的相关性进行批判性与实用性
  地思考。要让提出这样问题的学生，去依据文本证据、个人经验、观察记录
  或科学研究来提供对这一问题的深入且有洞察力的回答。他们不能简单地
  回答说"我不需要学习这些"或者"我不想学习这些"。

- 在单元学习临近结束时，为学生提供"展示和讲述"（show and tell）的时间，
  让学生向全班展示自己已经学到的知识。在这样的经历中，学生成为了老
  师，必须向全班同学分享与教授自己已学到的知识的深度和广度。这样的经
  历给学生带来了自主学习的成就感和责任感，同时也教会了学生表达与倾听
  的技能——特别是如何清晰地、全面地、准确地和创造性地呈现知识和观点。

结论

自发性问题将对一个在课堂上学生自己感到很重要的主题学习的学习动力与学习责任都转移到了他们自己身上。学生们也被期望提供一个具有教育性、吸引力、启发性且能令人愉悦的陈述，因为这样他们就能帮助全班同学更多地了解概念或主题。

专业发展

如何运用自发性的好问题调动学生的积极性

目　标 ·········>

通过提问关于在阅读和学习的文本和主题中*你们想学些什么*，并提升与激励他们深度思考、表达和分享，来指导学生提出自发性的好问题。

参考资料 ·········>

- 你所在的地区推行的为升入大学及就业做好准备的标准
- 你所在的学校采用的课程和教材
- 好问题和布鲁姆的教育目标分类学（表 1.2）
- 好问题和韦伯的知识深度模型（表 1.4）

步　骤 ·········>

1. 确定将要教授的概念或内容。

2. 提问学生*你想学些什么*（CRQ 框架中的最后一行问题）。

3. 为学生提供至少 24 小时的时间去研制他们的自发性的好问题。

4. 让学生们分享他们的自发性的好问题，并向他们说明他们提出的问题可能被纳入到这节课或者单元的学习中。

5. 允许学生合作或独立地处理和回答他们提出的自发性问题。

6. 如果学生创设了对全班同学都有益的自发性的好问题,就将这些好问题作为整个班级的引发精准认知的问题。把这些问题的成功研制归功于设计的学生,并让他们和你一起对同学们的回应进行打分。你也可以和学生共同合作制定评分规则。这样你就可以让学生学习成为一名教学的引导者。

7. 规定学生分享他们的问题及陈述回复问题的时间,包括在此过程中展示和讲述的时间。

第十章

学生将会如何处理与回应好问题？

纵观全书，对于如何研制那些挑战和吸引学生展示高阶思维和交流知识深度从而促进精准认知的好问题，已经为你提供了广泛的方法指导，给予了大量的思路指南。然而，我们还没有提及学生将会如何应答这些问题，以及应该如何评价他们的回答。

那是因为好问题不是用来被回答的。好问题的功能是基于学生对这些问题的回应来改进与评价教与学的。让我来解释一下。

课堂提问常常被用来评价学识与思维。学生知道和明白了吗？他们能做已经被教过的事了吗？他们能更深入地思考他们所学的东西了吗？我们也往往基于学生回答的准确度（答案是对的还是错的？）或者可接受度（学生是否能像他们被教的那样完全一样地、无误地运用概念或程序了？）来进行评价。如果学生正确地回答了问题，我们便得出结论：他们一定已经学会了概念和内容。如果他们想要了解超出预期的详细细节，那就必须要更深入地学习那些概念与内容。

与上述的评价不同，不管到什么程度，精准认知是定性的。它是用来标记和测评学生展示和交流自身的学习达到了*怎样的深度和广度*，而不是要测试他们知道了多少或者能正确地回答出多少问题。在引发精准认知的问题中，评价是基于

学生回应的质量进行的。标记与测评回应质量的标准如下:

- **准确:** 回答正确与否? 例如,学生是提供了一个被证明是绝对的、无可辩驳的答案了吗?

- **可接受:** 回答是否符合设定的标准或者期望? 例如,学生对问题的解答是达到或超越了设定的标准,还是回答与说明不全面或无法令人接受?

- **适当:** 回答是否深入与详细? 例如,学生是运用了具体的例子、解释和证据来支持自己的回答,还是仅仅只是做了一个大体的陈述,或者只有一个答案而没有解释结果是怎样得到的、为什么是这个结果?

- **率真:** 学生的回答是否有见地,并是以自己独特的方式来表达? 例如,回答是真实反映和呈现了学生学习的深度和广度,还是只是简单地重复或重申了所获得的和了解到的信息?

以上这些就是对好问题的回答进行评价和测评的定性而非定量的原则。一个回答是否是好的取决于学生能在多大深度和广度上去挖掘与这个问题有关的主题或话题。例如,假设你正在进行加缪的《局外人》文本研读的教学,你请你的学生处理与回答随后的这个时下关注的核心性问题:《局外人》中的每一个角色是如何考虑、排斥或响应对他(她)所处的社会团体和文化阶层的社会刻板印象的? 学生对于这个问题回答的优劣取决于以下几点:

- 回答问题的准确性:学生对社会刻板印象的定义、对《局外人》中不同社会刻板印象的区分、对不同角色的识别、对不同角色是如何考虑、排斥或响应社会刻板印象的描述是否准确?

- 回答问题的可接受性:学生是解决了问题的各个方面(如:考虑、排斥或响应),还是只是触及了其中的一部分?

- 回答问题的适当性:学生在回答问题时,是否提供了文本中的具体事例,并且合理解释这些例子如何和为何能支撑他的观点?

- 回答问题的率真性:学生是否表达和分享了自己对于"小说中各种角色是如何考虑、排斥或响应各自所处的社会团体和文化阶层的社会刻板印象"的思想、见解与观点?

这些引导性的问题基于质量来测量与评价学生的回答。这些问题不能简单地用对或错，或是用一两句话就能来作答的。好问题期待学生深入地、细致地、深刻地表达他们自己的见解。这些问题还要求学生运用口头、书面的形式，使用一些创造性或专业性的表达方式来进行处理和应答。

在数学课程中，回答的质量取决于学生是否可以准确地解答习题，并且能运用所学的概念和程序清晰、全面，甚至创造性地解释怎样和为什么这样解答。举个例子，假设你问你的学生：*如何识别、形成以及解释为什么一些分数是等值的？*并让他们用给到的一些分数和带分数做匹配或做等值。学生个体对于这个问题回答的质量取决于以下几点：

- 学生回答问题时是否准确地定义了等值分数，并运用这个概念和程序对给定的分数进行等值分数的匹配或做分数的等值？
- 学生在回答问题时是否欣然接受地解决了所有的问题，并展示了自己的成果？
- 学生在回答问题时是否恰当地提供了正确的答案，是否解释了为什么每对匹配的分数和带分数是等值的，并且展示了如何确定这种等值？
- 学生在回答问题时是否率真地用自己的语言或者使用分数模型的形象化方式，来展示、说明自己如何识别并且生成等值的分数？

通过课堂提问来促进精准认知的关键是交流。知道*正确答案是什么以及展示这个答案为什么是正确的*只是成功了一半。学生应该被要求解释为什么这就是答案，并且深入思考他们*该如何用自己独特的方式*详细地、深刻地、通透地来分享知识及对知识的理解。以下是鼓励学生处理和回应好问题的一些方法：

- **展示和讲述**。设定预期，即设定学生需论证和交流（或展示和讲述）的所学（what they are learning）。让他们知道，*正确回答答案是什么*及*演示该如何使用概念和过程*只是成功的一半。除此之外，学生还必须知道*为什么是这个答案*，以及深入思考*还可以如何*运用这些概念和程序。这即是需要他们所学的，也是对他们的学习进行测量和评价的方式。

- **劝阻只用一个词或一句话的回答**。用*地球是星球*来回答*地球是什么*，或者用*埃德加·爱伦·坡是在 19 世纪写哥特式小说的作者*来回答*谁是埃德加·爱伦·坡*，这样的回答是不可接受的，也是不适当的。是的，这些回答的确是正确的，但是对于一个可接受的、适当的对深度知识的表述来说，还需更详细、更深刻。请鼓励学生做进一步的描述和解释。请他们将文本中的例子作为解释和证据支持来使用。

- **询问"你想表达的意思是什么？"** 每当学生以简单的陈述形式给出答案时，请询问他们"你想表达的意思是什么？"这就会提示他们来解释*为什么*是这个答案，并详细描述这个答案是怎么得到的。这也会挑战他们为自己的回答进行辩护与证明，同时不断质疑自己的思考和推理。例如，如果你提问*分数和除法之间的关系是什么*，一个学生回答*分数是数字相除的一种方式*，马上追问学生*你想表达的意思是什么*，提示他进一步解释自己的回答，并思考如何清晰、准确和全面地回答问题。你还可以继续提问*你怎么知道的*来激发学生对自己的理解作出解释。

- **改述或抄写信息**。不要允许学生用老师或文本直接呈现的资源来背诵、重复或者重申这些信息。他们应该改述或改编信息、引用或标注出处。例如，学生应该用他们自己的话语来定义*什么是体积*，来描述*第二次世界大战什么时候是在哪里发生的*，而不只是简单地拷贝文本。让学生用自己的表述进行解释能"促进思想的深度加工，并有助于学生更好地理解材料"，尤其当学生速记下这些信息时(Mueller & Oppenheimer，2014)。

- **像专家一样教学**。教师通常是这样教学生答案是什么的：出示问题或习题，然后向学生演示和讲述如何运用概念和程序来正确地解答问题。然而，专家的做法通常是提出问题，给出他们的回答，解释他们是如何以及为什么得到了这样的成果或结果的，并展示了如何将其应用于不同的情境中。这就是学生们需要学习的——如何迁移并使用知识与思维的方式。为了促进深度学习，请先向学生们呈现问题或习题的答案或解决方法，要求他们去检测如何和为什么。你可以呈现解决问题的步骤，并提示他们去解释这些概念和程序是如何被使用的。然后，一旦他们提供了准确的、可接受的、适当的和率真的解释，就进一步挑战他们去调查与查究这些概念和程序还可以如何被运用。

让学生选择自己学习结果的等级。不幸的是，有些学生没有意识到有必要进入细致和有深度的学习。他们或许认为能准确地回答问题或准确地提供信息就是"够好"了。尽管我们希望我们的学生能深入细致地回答问题，但我们也并不想让他们气馁，也不想让他们觉得自己处于守势。下面是我和学生的对话，鼓励他们提供更深入、更具体的回答。

弗朗西斯先生：这是你的回答吗？

学生：是的。

弗朗西斯先生：这是你最终的回答吗？

学生：是的。

弗朗西斯先生：这是你的 A 级回答吗？

学生：我觉得应该是的。

弗朗西斯先生：好吧。你是想要得到一个 A 吗？（我希望学生可以说是的）

学生：是的。

弗朗西斯：如果你想要得到一个 A，不妨多告诉我一些你是如何得到这个答案的。当然了，这取决于你自己。你的回答的确是正确的，但是你学习结果的等级还取决于回答是否是可接受的、适当的和率真的。因此，如果你想得到一个 A，为什么不再对照一下这些标准，然后告诉我你是如何得到这个答案的呢？最终是否能得 A 完全取决于你哦。

请注意，替代告诉学生他的回答不"够好"的是：通过询问他的思考与感悟，让他考虑和反思自己回答的质量。运用这种方式，你既肯定了学生的答案是正确的，同时还能挑战和鼓励学生更深入地学习，以便使自己的答案达到回答好问题的所有标准。同时你也给了他一些建议，提示他应该研究和探讨一些什么来完善自己的回答。然而，关键点在于，你应该允许学生自己选择是否要拓展这个回答来得到更高等级的学习结果。你在教学生更深入地钻研，也是在给学生上关于如何做出好的选择和创造高质量工作的人生一课。如果他选择不再更努力地去学习,那么他就必须接受他学习结果应得的等级。

　　请牢记,精准认知是定性的,而不是定量的。通过课堂提问来促进精准认知,就要提出好问题,而好问题是可以帮助学生深入思考他们如何迁移和使用他们正在学习的知识的。对问题回答质量的评价,不仅基于回答是否准确,而且还要看这些回答是否以一种可接受的、适当的和率真的方式来真实地表达与分享了学生的学习深度。

附录 A

精准认知问题框架

这个附录包括精准认知问题(CRQ)框架和每类好问题的相关问题疑问词、词组或短句。这个框架可以整体使用，也可以将框架分块或选取其中部分使用，以达到通过课堂提问促进精准认知的目的。

CRQ 框架基于问题的复杂程度将问题进行分类。这个框架同时也绘制了学生将如何把他们获得与收集到的信息，加工与个性化处理为对某一学习过程的深刻理解与思考。

四种不同类别的核心性问题分别是总揽类、综合类、专题类和自驱类问题。它们综合概述了学生将要学习什么。总揽类的核心性问题处理贯穿于整体之中且超越课堂学习之外的广泛、永恒的观点与问题。综合类的核心性问题聚焦于对学术领域或学科的核心观点和持久性的理解上。专题类的核心性问题设置了教学重点，并作为对一节课或单元的总结性评价。自驱类的核心性问题帮助学生通过基于项目的、探究性、基于问题的、拓展性或服务式学习，来发展和展示他们的才能与思维。

事实性、分析性和反思性问题挑战学生们对正在阅读和复习的文本与主题进行更深入的认知与理解。事实性问题使学生通过阅读与研究获得背景性知识。

分析性问题让学生对概念与过程进行检查、实验和解释。反思性问题鼓励学生通过调查与研究来扩展学习、加深理解。

假设性、辩论性、情感性和自发性问题引导学生将他们习得与发展的深度理解进行加工和个性化内化。假设性问题为学生们提供机会,去批判性、创造性地思考如何在不同的学术和现实情境中迁移并使用所学到的知识。辩论性问题促进学生借助自己的学历与经历(或经验)来维护与支持自己做出的决定。情感性问题鼓励学生表达与分享自己对于文本和主题的态度、信念与感受。自发性问题通过要求学生对他们个人想要解决的概念或内容提出自己的问题,并与同学和同伴分享他们所学的知识,从而使学习变得个性化。

核心性	**总揽类**	谁是? 如何? 什么原因? 是……还是……? 如果……会怎么样? 什么是? 为何? 有什么影响 ……(做)还是……(做)?
	综合类	怎样? 为什么?
	专题类	怎么样? 效果是什么? 为什么? 影响是什么? 有什么关系? 起因是什么? 作用是什么?
	自驱类	你能创造什么? 你能生产出什么? 你能设计什么? 你能制定出哪一类的计划? 你能研制什么? 你能呈现出哪一类的问题? 你能做什么? 你能写出哪一类的作品? 你将如何创新? 你能如何开发与使用? 你能发明什么?
事实性		是谁? 是什么? 是在哪里? 是在什么时候?
分析性		怎样? 分类是什么? 是什么意思? 为什么? 特征是什么? 这是什么信息? 如何发生? 分类是什么? 目的是什么? 如何运作? 有什么区别? 目标是什么? 如何使用? 表明了什么? 代表了什么? 为何发生? 相类似的有什么? 意味着什么? 为何运作? 有什么差异? 象征了什么? 为何被使用?

反思性	起因是什么？　　结果是什么？ 影响是什么？　　是什么模式？ 原因是什么？　　是什么关系？ 结果是什么？　　结论是什么？ 效果是什么？　　有哪些途径？ 作用是什么？
假设性	如果……会怎么样？　如何才能？　也许是怎样的？　将会是什么？ 将发生什么？　　　将会怎样？　也许会怎样？　将怎么样？ 可能发生了什么？
辩论性	是……还是……？　　曾……(做的)还是……(做的)？　应该……还是……？ 曾是……还是……？　可能……还是……？　　　　将……还是……？ ……(做)还是……(做)？　将……还是……？　　　　哪个？
情感性	你相信什么？　　你的意见是什么？　你能怎样？ 你觉得怎么样？　你的观点是什么？　你将会怎样？ 你认为怎么样？　你的想法是什么？
自发性	你想学些什么？

附录 B
总揽类的核心性问题实例

总揽类的核心性好问题激励学生对于主题中所揭示的伦理的、哲学的和有关存在的事进行反思，它们对于教学生如何确定文本的中心思想或主题也是具有一定帮助的。下面的例子可以帮助学生形成对观点和主题更深刻的理解。

什么是生命？	什么是死亡？
什么是正义？	什么是荣誉？
什么是自由？	什么是美丽？
什么是友谊？	什么是爱？
什么是创造？	什么是英雄？
什么是勇气？	什么是领导？
什么是成年人？	什么是力量？
什么是智力？	什么是快乐？
什么是艺术？	什么是事实？
什么是成功？	什么是共同体？
我们不可剥夺的权利是什么？	"天才"意味着什么？

自由与责任之间的关系是什么?	什么因素影响了我们的价值观和信仰?
什么是真爱?	什么是我们的命运?
语言如何才能有影响力?	导致人们失去和重新获得信念或希望的是什么?
什么激励着人们?	什么影响着艺术家、音乐家和作家的作品撰写、制作与创作?
善与恶的区别是什么?	我们如何知道我们知道了什么?
我们为什么相信我们所相信的?	什么时候挑战信仰或社会价值观是合适的?
是什么让我们憎恨?	什么驱使我们做决定?
冲突如何导致变革?	信仰、道德规范或价值观如何影响不同人的行为?
如何解决差异?	人们应该更关注做对的事情还是正确地做事情?
科学与技术应该尊重还是强行超越自然的界限和法则?	出于安全的目的,自由应该被限制还是被牺牲?
一个乐观的品质是如何成为悲观的缺陷的?	应该如何消除歧视与偏见?
领导者是天生的还是后天培养的?	人性本善还是本恶?
被爱、被害怕和被尊敬,哪个更好?	杀戮是正当的还是不可原谅的?
有得有失与从来没有得到,哪个更好?	对所有人来说,自由与公正是可能的吗?
人类天生就是文明的还是后来由自己习得文明的?	熟能生巧可能吗?
没有艺术和语言的文化可能存在吗?	历史造就了领袖还是领袖创造了历史?
自由是在任何时期都能拥有的,还是真正的不受束缚的?	审查制度是可以接受的,还是永远不能接受的?
所有的问题都能被解决吗?	完美的社会或世界可能存在吗?
是艺术模仿生活还是生活影响艺术?	权威与财富带来的是幸福还是忧伤?
尊重是别人自然而然地给予的,还是必须靠自己去赢得的?	我们对他人、对自己各有什么样的责任?
爱情是能一见钟情产生的,还是需要时间去发展的?	公民拥有什么权利?

多少才算太多,或还是不够?	遗传和环境哪个影响更大?
人们是如何被自身所接受的教育与经历所影响、塑造或改变的?	纯真是如何"失去"的?

附录 C

综合类的核心性问题实例

综合类的核心性好问题强调的是核心概念和对学术领域或主题的持久理解。这些问题可以被用在任意一个层级水平上的检测与审查，它们也可以作为基准或总结性评价，来真正标记与测评学生在特定学科领域的知识深度和理解。

以下例子是从为升入大学及就业做好准备的学术标准中的表现性目标及实践中得到的综合类的核心性好问题。

数学课程中综合类的核心性好问题

这些综合类的核心性好问题回应了美国共同核心州立标准之数学标准（NGACBP & CCSSO, 2010），该标准期望学生在数学课程中形成与呈现更深入的概念性与程序性的理解，这类问题则对其做出了标记与测评。

C.1　数学课程中综合类的核心性好问题	
MP[①].1	数学是如何通过确定问题的含义和寻找问题解决的要点，来解决问题的？

---

① MP：Mathematical Practice

续表

MP. 2	如何使用数学进行抽象和定量地推理？
MP. 3	数学是如何构建可行的论证，批判他人的推理的？
MP. 4	如何使用数学模型来阐释并解决在日常生活、社会和工作中出现的问题与情况？
MP. 5	如何合适地、有策略地使用数学工具来解决学术或现实生活中的数学问题？
MP. 6	为什么在数学中论证或表达的精确性是很重要的？
MP. 7	数学是如何找寻与利用模式和结构的？
MP. 8	数学是如何通过反复的推理来寻找与呈现规律的？

资源来源：Questions adapted from standards in *Common Core State Standards* by NGACBP & CCSSO, 2010，Washington，DC.

阅读课程中综合类的核心性好问题

这些综合类的核心性好问题直接来源于美国共同核心州立标准之英语标准中的阅读锚定标准。它们清晰地界定了学生们在 K‑12 教育阶段必须发展与呈现的一般的以及跨学科的文学知识与技能（NGACBP & CCSSO，2010）。

C. 2　综合类的核心性好问题	
主要思想与细节	如何通过仔细阅读来确定文本内容？ 如何在细读的过程中得出文本中的逻辑推理？ 在写作和演讲时，如何引用与使用文本证据来支持文中的结论？
	如何确定与总结文本的中心思想或主题？ 文本的中心思想和主题如何在文本所阐述的事情发展过程中形成？ 关键观点与细节如何处理与支持文本的中心思想与主题？
	在事情发展的过程中，人物、事件和思想是如何演变和相互影响的？

写作技法与结构	如何用以下视角解释文本中使用的词汇和短语？ ● 遣词造句的准确性 ● 词语的内涵 ● 比喻义 特定词语的选用如何塑造文本的写作意图或基调？
	如何建构文本及其各个部分？ 以下内容是如何相互关联，并与文本形成一个整体的？ ● 特定语句 ● 段落 ● 文本中较大的部分（如节、章、部分）
	作者的观点与意图如何塑造文本内容与风格？
知识与观点的整合	如何用以下方式整合、评价在不同媒体与形式中呈现的内容？ ● 口语表达 ● 可视化 ● 量化 如何基于以下标准对一个论点和特定主张进行描述与评价？ ● 推理的有效性 ● 证据的相关性与充分性 两个或两个以上的文本是如何通过相似的主题和话题来建构知识的？ 两个或两个以上的作者在通过相似的主题和话题来建构知识方法方面有什么区别？

资源来源：Questions adapted from standards in *Common Core State Standards* by NGACBP & CCSSO, 2010，Washington，DC.

科学与工程课程中综合类的核心性好问题

这些好问题涉及下一代科学教育标准中的跨学科概念和科学与工程实践，它们可以被用来设置小学、初中和高中的科学教学与 STEM 项目的综合目标与成果（NGSS，2013）。

C.3　科学与工程跨学科概念中综合类的好问题	
模式	如何使用变化的模式来识别、分类、分析和解释以下内容？ ● 自然现象 ● 因果关系 ● 变化率 ● 日期趋势与结果 ● 作出预测 ● 设计产品　（ES/MS①） 宏观模式如何与微观及原子水平结构的本质产生联系？　（MS） 如何使用图形和图表识别数据中的模式？　（MS） 不同的模式如何能做到以下事项？ ● 在每一个研究系统的范围内进行观察 ● 在解释现象时提供因果关系的证据　（HS）
因果	通常是如何识别、观察、测试因果关系，并用这一关系去引发变化的？　（ES） 如何使用因果关系来预测自然现象或设计系统？　（MS） 现象的产生为何及怎么会不止一种原因？　（MS） 为什么系统中的一些因果关系只能用可能性来描述？　（MS） 为什么关系被归类为因果关系或相关关系，又为什么相关性并不一定意味着是因果关系？　（MS） 系统如何设计才能达到预期的效果？　（HS） 如何及为何能通过检测系统中已知的小范围机制来揭示、预测复杂的自然和人类设计系统的因果关系？　（HS） 为什么需要用经验证据去区分因果关系，并为特定的因果做出陈述？　（HS）
刻度、比例 与数量	自然界物体如何从很小生长到很大的物体？　（ES） 如何使用标准单位来测量与描述类似于以下的几种物理量？ ● 重量 ● 时间 ● 温度 ● 体积　（ES） 如何在不同的范围内使用模型观察以下现象，进而来研究很大或很小的系统？ ● 时间 ● 空间

---

① ES：Elementary School，指1—5年级即小学阶段；MS：Middle School，指6—8年级段即初中；HS：High School，9—12年级段即高中。

刻度、比例与数量	• 能量 (MS) 不同类型数量之间的比例关系是如何提供有关属性和过程的大小的信息的? (MS) 为什么在一个尺度上可以观察到的现象,在另一个尺度上却不能观测到? (MS)
系统与系统模型	如何从组成和交互角度描述一个系统? (ES) 如何使用模型来呈现和解释系统及其内部的以下交互? • 输入、处理与输出 • 能量与物质流动 (MS) 系统如何通过形成子系统或者成为更大更复杂系统的一部分,从而与其他系统形成交互? (MS) 为什么要研究或描述一个系统的边界和初始条件? (HS) 如何在不同尺度内使用模型来模拟系统以及系统之间的交互? (HS)
能量与物质	能量如何以不同的方式在不同的物体间转换? (ES) 能量如何以不同形式存在? (MS) 能量在一个设计的或自然的系统中流动时,如何追踪转换的能量? (MS) 如何将物质在系统内外传送? (ES) 物质如何通过原子的守恒在物理和化学过程中保持不灭? (MS) 能量的转移如何驱使物质的运动和循环? (MS) 为什么在核反应过程中原子能不是守恒的,而质子和中子的总数是守恒的? (HS) 在一个封闭系统中,物质的总量和能量如何及为何能守恒? (HS) 在一个系统中的能量和物质的变化(转换)如何及为何可以基于其在系统内外的流动形式进行描述? (HS) 能量如何及为何没有损失,而是在地方、物体、场以及系统间转移的? (HS)
结构和功能	自然结构的稳定性与设计对象的形状与功能之间的关系是什么? (ES) 如何设计结构以服务于特定的功能,并能考虑到不同材料的特性和材料的形状以及使用方式? (MS) 如何将复杂和微观结构可视化、建模并用于描述其功能是如何依赖于其各部分之间的相互关系的? (MS) 如何分析复杂的自然结构(系统)以确定它们的功能? (MS) 为什么研究或设计新的系统和结构需要用到以下的信息来揭示其功能或解决问题? • 详细检测不同材料的性能 • 不同部件的结构 • 组件连接 (HS)

稳定和改变	为什么事物的变化会是缓慢的或是迅速的？　（ES） 如何通过考察不同尺度下时间和力量的变化，来构建自然系统或设计系统的稳定性和变化的解释？　（MS） 系统的一个部分的小变化是如何引起另一个部分的大变化的？　（MS） 系统的稳定性如何被突发事件或日积月累的变化所干扰？　（MS） 科学是如何解释事物发生变化的原因以及保持稳定的方式的？　（HS） 如何设计系统使其具有更强（弱）的稳定性？　（HS） 反馈（正面或负面）怎样能稳定或破坏一个系统？　（HS）
工程、技术和科学应用	为什么对相关的科学概念和研究成果的认识在工程学中是重要的？　（ES） 通过工程设计的过程，利用对自然世界的科学发现如何能开发出新的和改进的技术？　（ES） 人们对新技术和改进技术的需求、欲望和渴求如何随时间的推移而改变？（ES） 工程师如何通过改进现有技术或创造新技术来增加效益、降低已知风险、满足社会需求？　（MS） 在整个科学领域，工程学的进步是如何导致重大发现的？　（MS） 科学发现是如何促进整个工业和工程系统的发展的？　（MS） 技术的使用及对其使用的限制是如何受以下因素驱动的？ ● 个人或社会的需要、欲望和价值观 ● 科学研究的信息 ● 气候、自然资源和经济条件等因素的差异　（MS） 技术的使用如何因地区的变化和时间的不同而发生变化？　（MS） 技术如何增强了科学研究的测量、探索、建模和计算能力？　（MS） 人类所有的活动是如何使用自然资源的，为什么它们带来的后果有短期的也有长期的，对人的健康、对自然环境既能产生正面影响又能产生负面影响？（MS） 科学与工程在所谓的研究与发展周期中是如何互补的？　（HS）
科学的本质	为什么大多数科学家和工程师都是以团队形式开展工作的？　（ES） 科学如何影响日常生活？　（ES） 科学如何假设自然系统中的物体和事件是以一致的模式发生，通过测量和观察是可以理解的？　（MS） 科学如何假设宇宙是一个庞大的、有着一致性基本规律的单一系统？（MS） 为什么科学研究只局限于可以用经验证据来回答的问题？　（MS） 为什么科学知识能够描述行动的后果，但不一定能规定社会做出和采取的决定？　（MS） 技术进步和科学进步彼此之间有什么影响？　（MS） 科学家和工程师是如何被以下的思维习惯引导的？

续表

	• 知性的诚信 • 容忍模棱两可 • 怀疑 • 对新思想的开放性 （MS） 科学如何以及为何要假设宇宙是一个庞大的、有着一致性基本规律的单一系统？ （HS） 现代文明如何和为何要依赖于主要的技术系统？ （HS）

资源来源：Questions adapted from standards in *Next Generation Science Standards：For States，by States* by NGSS Lead States，2013，Washington，DC.

社会研究课程中的核心性好问题

这些核心性的好问题来自于国家社会研究标准的 C3 框架中包含的学术标准和表现性目标。它们讨论了社会研究课程——公民学、经济学、地理和历史的主要教学重点,同时被用于培养和促进公民、全球、历史、地理和经济素养(NCSS,2013)。

C.4 社会研究课程中的核心性好问题	
公民	为什么公民理解法律、政治和政府很重要？ 指导诸如立法机关、法院、政府机构等官方机构的原则是什么？ 当公民在公共事务上相互交流时,他们应该具备什么美德？ 人们做决策、自我管理以及解决公共问题的流程与规则是什么？
经济	经济决策是如何制定目标并确定实现这些目标的资源的？ 当双方都期望在贸易中获利时,人们怎样自愿交换商品和服务？ 市场是如何促进商品和服务的交换的？ 人力资本、物质资本和自然资源的数量和质量的变化对当前和未来的经济状况和生活水平有什么影响？ 市场合作对经济增长和发展有什么影响？ 经济全球化的起因和结果是什么？

地理	创建地图和其他地理标志如何成为寻找对个人与社会有用的新的地理知识的一个重要和持续性的标志,它们又是如何应用于决策与问题解决的? 人类与环境之间的相互作用如何成为从地方到全球范围内、在特定领域以及广泛区域内的人类生活的重要方面? 地理位置对于文化和已发生的交流类型有什么影响? 地球上的人类和物理系统之间的关系是什么? 人类群体的大小、组成、分布和流动是如何影响地球表面的活动特征的? 人类人口的扩张和再分配对定居、环境变化和资源使用的模式有什么影响? 政治、经济和技术变革对人口规模、构成和分布有什么影响? 在人类和物理系统中,全球互联是如何发生的?
历史	时间推理是如何通过理解变化和连续性的过程来评价过去和现在的异同的? 各种不同的、可能随着时间变化的视角和观点如何解释和塑造历史? 历史探究是如何基于过去的资料进行研究和分析的? 历史思维是如何运用证据和推理来得出可能的原因和影响的结论,并认识到这些是多重的和复杂的?

资料来源: Questions adapted from standards in *The College*, *Career*, *and Civic Life*（C3）*Framework for Social Studies State Standards*: *Guidance for Enhancing the Rigor of K-12 Civics*, *Economics*, *Geography*, *and History* by NCSS, 2013, Silver Spring, MD.

附录 D

针对棘手问题和不可能的项目的辩论性问题

由于受到许多成分、因素、个人和资源的影响，棘手问题和不可能的项目本身就很复杂。它们为学生提供机会，基于布鲁姆分类学最高层级（分析、评价、创造）和韦伯模型的最深水平（策略性思维和拓展性思维），来展示和交流他们的认识与思维，从而促进精准认知的发展。这里有一些好问题，我们的学生可以用已经获得和形成的更深层级的认识与思维来回答这些问题。

如何应对全球气候变化？	应该采取什么措施来减少犯罪？
如何解决科学和技术发展的问题？	政府和国家应该有多强大？
如何解决污染问题？	需要做些什么来解决水资源的问题和干旱？
为什么要审查联邦和州的税收制度？	如何处理与贫困有关的问题？
移民问题应如何处理？	各国应如何处理和应对全球争端和问题？
什么是好的国家移民政策？	一个组织要发展和繁荣需要做些什么？
如果一个人违反了基于道德信念的法律，会有什么后果？	应如何处置国际毒品走私？

续表

如何应对不断上升的医疗成本？	需要做什么来确保自然资源不会枯竭？
国家如何应对鼠疫引起的流行病？	罪犯将因他们的罪行受到怎样的惩罚？
毒品交易为什么应该被合法化或仍定为是非法的？	应该如何处理社会各阶层之间的差距？
哪些人应该被赋予或不被赋予拥有和携带武器的权利？	为什么动物试验应该被禁止、允许或被管制？
需要采取什么措施来解决森林砍伐问题？	为什么要允许或禁止干细胞研究？
需要采取什么措施来掌控日益加快的生物灭绝速度？	学校应该怎样承担责任？
需要做些什么来维持或改善种族关系？	政府应该对公民的福利和安全负责吗？
需要做些什么来增强海上安全？	如何应对国内和全球的恐怖主义？
需要做些什么来确保公民自由与国家安全之间的平衡？	儿童应该如何接受教育？
一个国家应该如何为它未来的成就和资金进行投资？	

参考文献

Anderson, L. W., & Krathwohl, D. R. (2001). *A taxonomy for learning, teaching, and assessing: A revision of Bloom's taxonomy of educational objectives*. New York: Addison Wesley Longman.

Anderson, R. C., & Pearson, P. D. (1984). A schema-theoretic view of basic processes in reading. In P. D. Pearson (Ed.), *Handbook of reading research* (pp. 255 – 292). New York: Longman.

Black, J., & MacRaild, D. (2007). *Studying history* (3rd ed.). New York: Palgrave.

Blackburn, B. R. (2008). *Rigor is NOT a four-letter word*. Larchmont, NY: Eye on Education.

Bloom, B. S., Krathwohl, D. R., & Masia, B. B. (1964). *Taxonomy of educational objectives: The classification of educational goals*. New York: David McKay.

Britannica Digital Learning. (2014). *Teaching argumentation and reading for evidence*. Chicago: Encyclopaedia Britannica. Retrieved from http://info. eb.

com/wp-content/uploads/2014/08/WP_RdgEvid.pdf

Coil, C. (2004). *Standards-based activities and assessments for the different-iated classroom*. Marion, IL: Pieces of Learning.

Conley, D. T. (2005). *College knowledge: What it really takes for students to succeed and what we can do to get them ready*. San Francisco: Jossey-Bass.

Cunningham, R. T. (1987). What kind of question is that? In W. W. Wilen (Ed.), *Questions, questioning techniques, and effective teaching* (pp. 67 – 94). Washington, DC: National Education Association.

Dillon, J. T. (1988). *Questioning and teaching: A manual of practice*. Eugene, OR: Teachers College Press.

Dobson, M. (2013). *Project: Impossible: How the great leaders of history identified, solved and accomplished the seemingly impossible—and how you can, too*! Oshawa, ON, Canada: Multi-Media Publications.

Friedman, M. (2005). *The world is flat: A brief history of the 21st century*. New York: Picador.

Gall, M. D. (1970). The use of questions in teaching. *Review of Educational Research*, *40*(5), 707 – 721.

Graff, G. (2003). *Clueless in academe: How schooling obscures the life of the mind*. New Haven, CT: Yale University Press.

Harvard-Smithsonian Center for Astrophysics. (2014, Sept. 22). "Is Pluto a planet? The votes are in." (Press Release No. 2014-25). Cambridge, MA: Author.

Hess, K. K. (2013). *A guide for using Webb's depth of knowledge with Common Core State Standards*. Center for College and Career Readiness.

Hess, K. K., Carlock, D., Jones, B., & Walkup, J. W. (2009a). *Cognitive rigor: Blending the strengths of Bloom's taxonomy and Webb's depth of knowledge to enhance classroom-level processes*. Dover, NH: National Center for Assessment.

Hess, K. K., Carlock, D., Jones, B., & Walkup, J. W. (2009b). *What exactly do "fewer, clearer, and higher standards" really look like in the classroom? Using a cognitive rigor matrix to analyze curriculum, plan lessons, and implement assessments.* Dover, NH: National Center for Assessment. Retrieved from http://schools. nyc. gov/NR/rdonlyres/D106125F-FFF0-420E-86D9 254761638C6F/0/HessArticle. pdf

Hutchings, M. (n. d.). *Introduction to mathematical arguments.* Berkley: University of California Berkley. Retrieved from https://math. berkeley. edu/~ hutching/teach/proofs. pdf

International Astronomical Union. (2006, August). Resolution 5A, Designation of a Planet. *IAU General Assembly: Result of the IAU Resolution Votes.* Presented at 26th General Assembly for the International Astronomical Union, Prague. Retrieved from http://www. iau. org/news/pressreleases/detail/iau0603/

Jonassen, D. H., & Hung, W. (2008). All problems are not equal: Implications for problem-based learning. *Interdisciplinary Journal of Problem-Based Learning*, 2(2). Retrieved from http://docs. lib. purdue. edu/ijpbl/vol2/iss2/4/

Kintsch, W. (1998). *Comprehension: A paradigm for cognition.* New York: Cambridge University Press.

Kintsch, W., & van Dijk, T. A. (1978). Toward a model of text comprehension and production. *Psychological Review*, 85(5), 363 – 394. Retrieved from http://someya-net. com/104-IT_Kansai_ Initiative/Towards_Model_1978. pdf

Kolko, J. (2012). *Wicked problems: Problems worth solving.* Dallas, TX: Austin Center for Design. Retrieved from https://www. wickedproblems. com/1_wicked_problems. php

Krathwohl, D. R. (2002, Autumn). A revision of Bloom's taxonomy: An overview. *Theory into Practice*, 41(4), 212 – 218.

Krathwohl, D. R., Bloom, B. S., & Masia, B. B. (1964). *Taxonomy of educational objectives: The classification of educational goals [handbook II]: Affective domain*. New York: David McKay.

Marzano R. J., & Simms, J. A. (2013). *Vocabulary for the common core*. Bloomington, IN: Marzano Research.

McConachie, S., Hall, M., Resnick, L., Ravi, A. K., Bill, V. L., Bintz, J., & Taylor, J. A. (2006). Task, text, and talk. *Educational Leadership*, 64(2), 8 – 14. Retrieved from http://www.ascd.org/publications/educational-leadership/oct06/vol64/num02/Task,-Text,-and-Talk@-Literacy-for-All Subjects.aspx

McKeown, M. G., Beck, I. L., & Apthorp, H. S. (2010). *Examining depth of processing in vocabulary lessons*. Poster talk presented at the American Educational Research Association Conference, New Orleans, LA.

Mueller, P., & Oppenheimer, D. (2014). The pen is mightier than the keyboard: Advantages of longhand over laptop note taking. Available: https://sites.udel.edu/victorp/files/2010/11/Psychological-Science-2014-Mueller-0956797614524581-1u0h0yu.pdf

National Center for History in the Schools. (1996). National standards for history: Basic edition. Los Angeles: Author. Retrieved from http://www.nchs.ucla.edu/history-standards

National Coalition for Core Arts Standards. (2015). *National core arts standards: A conceptual framework for arts learning*. Dover, DE: Author. Retrieved from http://nationalartsstandards.org/

National Council for the Social Studies. (2013). *The college, career, and civic life (C3) framework for social studies state standards: Guidance for enhancing the rigor of K-12 civics, economics, geography, and history*. Silver Spring, MD: Author.

National Governors Association Center for Best Practices, Council of Chief State School Officers. (2010). *Common Core State Standards.* Washington, D C: Author.

NGSS Lead States. (2013). *Next generation science standards*: *For states*, *by states*. Washington, DC: National Academies Press.

Partnership for 21st Century Learning. (2015). *P21 framework definitions*. Washington, DC: Author. Retrieved from http://www.p21.org/our-work/p21-framework

Raths, L. E., Wasserman, S., Jonas, A., & Rothstein, A. (1986). *Teaching for thinking*: *Theory, strategies, and activities for the classroom* (2nd ed.). New York: Teachers College Press.

Rittel, H. W. J., & Webber, M. M. (1973). Dilemmas in a general theory of planning. *Policy Sciences*, 4(2), 155 – 169. Retrieved from http://www.uctc.net/mwebber/Rittel + Webber + Dilemmas + General _ Theory _ of _ Planning.pdf

Rose, M. (1989). *Lives on the boundary*. New York: Viking.

Schmoker, M. (2011). *Focus*: *Elevating the essentials to radically improve student learning*. Alexandria, VA: ASCD.

Shanahan, T., & Shanahan, C. (2012). What is disciplinary literacy and why does it matter? *Topics in Language Disorders*, 32(1), 7 – 18. Retrieved from http://alliedhealth.ceconnection.com/files/TLD0112A-1337958951687.pdf; jsessionid=9DC7CE49896192D77C1AA79E8AF6D875.

Shuttleworth, M. (2009, Sept. 20). Establishing cause and effect [blog post]. Retrieved from *Explorable Psychology Experiments* at https://explorable.com/cause-and-effect

Stahl, K. A. D., & Stahl, S. A. (2012). Young word wizards! Fostering vocabulary development in preschool and primary education. In E. J. Kame'enui & J. F. Baumann (Eds.), *Vocabulary instruction*: *Research to practice* (2nd ed., pp.72 – 92). New York: Guilford Press.

Tomlinson, C. A. (1999). *The differentiated classroom*: *Responding to the needs of all learners*. Alexandria, VA: ASCD.

Trilling, B. , & Fadel, C. (2009). *21st century skills*: *Learning for life in our times.* San Francisco: Jossey-Bass.

Trochim, W. M. K. (2006). Establishing cause and effect. *The Research Methods Knowledge Base* (2nd ed). Retrieved from http://www. socialres-earchmethods. net/kb/causeeff. php

Vacca, R. (2002). From efficient decoders to strategic readers. *Educational Leadership*, 60(3), 6 – 11. Retrieved from http://www. ascd. org/public-ations/educational-leadership/nov02/vol60/num03/From-Efficient-Decoders-to-Strategic-Readers. aspx

Wagner, T. (2014). *The global achievement gap*: *Why even our best schools don't teach the new survival skills our children need … and what we can do about it* (2nd ed). New York: Basic Books.

Walkup, J. W. & Jones, B. (2014, June 16). Developing rigorous lesson plans (using Bloom's knowledge dimension) [blog post]. Retrieved from *Cognitive Rigor to the Core*! at http://cognitiverigor. blogspot. com/2014/06/does-oklahoma-really-need-to-rigor-ize_16. html

Webb, N. (1997). Criteria for alignment of expectations and assessments on mathematics and science education. (Research Monograph No. 6). Wash-ington, DC: Council of Chief State School Officers. Retrieved from http:// facstaff. wceruw. org/normw/WEBBMonograph/criteria. pdf

Webb, N. (2002). "Depth of knowledge levels for four content areas." (Unpublished). Retrieved from http://www. hed. state. nm. us/uploads/files/ABE/Policies/depth_of_knowledge_guide_ for_all_subject_areas. pdf

Wiggins, G. , & McTighe, J. (2005). *Understanding by design* (expanded 2nd ed.). Alexandria, VA: ASCD.

Wood, N. (2007). *Perspectives on argument* (5th ed.). New York: Pearson.

Wormelli, R. (2007). *Differentiation*: *From planning to practice*. Portland, ME: Stenhouse.

作者简介

埃里克·弗朗西斯（Erik M. Francis）是马维克教育有限公司（Maverik Education LLC）的所有者和首席教育专家，他的公司致力于为精准认知发展提供专业的开发、指导和支持。他曾为美国 1965 年《中小学教育法案》中"一号项目"的开发、实施、评价和履行承担咨询工作，还曾在美国教学督导与课程研究协会（ASCD）、大学理事会、进修学院、新教师中心、中等水平教育者协会和南方地区教育委员会联合主办的会议上主持过有关专业发展的研讨会。埃里克还担任过美国教育会议的特约发言人，演讲主题包括资优教育、特许学校、"一号项目"、英语学习者、辍学预防和社会工作等。他与 K-12 的学校紧密合作，希望发展能够满足为升入大学及就业做好准备的追求精准认知的、积极的、真实的教学经验。

埃里克从事教育工作已经 20 余年。他是一名中学英语语言艺术和数学教师、一名网站管理员，也是国家教育机构中"一号项目"的教育专家。同时，他还是美国大峡谷大学提出的教育发展和支持项目的特定发言人。埃里克在雪城大学公共通信学院获得了影视制作和管理学硕士学位，在北亚利桑那大学获得了教育领导学硕士学位，修辞与传媒艺术学士学位则来自纽约州立大学奥尔巴尼分校。

埃里克和他的家人住在凤凰城，若想了解更多信息，请访问网站 www.maverikeducation. com，或通过邮件联系 maverik@maverikeducation. com。

译者后记

在一个阳光灿烂的日子里，我终于完成了本书的译著。作为一名在宋庆龄先生创办的中国福利会工作了近 14 年的教育工作者，能在人生最有活力的阶段追随先生的事业，是一种无尚的荣幸。在中国福利会建会 80 周年之际，谨以此书向这位 20 世纪伟大的女性致敬！实验性、示范性，加强科学研究——您确定的这一办会方针，我一直铭记并实践着。

中国的教育改革已进入深水区，教育界有识之士都在探索着培养有知识有品德有作为的社会主义事业建设者和接班人的理论研究与实践创新。在儿童教育领域工作了近 30 年的我，也一直在不断思考、不断实践、不断探寻；吸收外来、不忘本来、面向未来。很偶然的机会，也真的很有幸能让我与这本书相遇。这是一本有科学的教育理论指导的书籍，是一本在理论的指导下经过实践探索再提炼的、能指导一线教育教学工作的工具书，欣喜之下，使我下决心要将它译成中文，让更多的一线教师与我一起分享智者的思考。学会像教育家那样思考，不也正是我们教师工作的一个专业标准吗？

感谢素未谋面的远在大洋彼岸的埃里克·弗朗西斯（Erik M. Francis）先生，将自己长期致力的追求精准认知的真实有效的教学研究成果，通过这本书呈现给了我们。精准认知（Cognitive Rigor）是一个新生概念，它是通过将两个学术框架——布鲁姆的教育目标分类学修订版（Bloom's Revised Taxonomy）和韦伯的知识深度模型（Webb's Depth-of-Knowledge）组合叠加得到的。为此，这次翻译工作也成为我又一次学习探究之旅。重新将教育目标分类学仔细研读了一遍，重新认识了知识深度理论。还第三遍拜读了《追求理解的教学设计》一书，因为它也是此书的重要参考文献之一。在译作的过程中，我的教育思维方式也跟随着作者的思路发生着改变，它让我又从另一个角度去审视教育教学工作；并更清晰更坚定了对教育本质的理解，也印证了著名教育家叶澜教授的教育信念：教天地人事，育生命自觉。这或许也就是宋先生曾教导中福会人的要给予儿童的最宝贵的东西。

这次翻译工作的顺利完成，也是一个团队共同努力的成果。华东师范大学课程与教学研究所的博士生李凯同学，硕士生潘涵璐、徐晨盈、谢皆昕、杨雅萌同学，以及已在上海自然博物馆工作的邓卓参与了此书的初译与校译工作。也感谢你们的导师，一直鼓励着我的所里各位国宝级的专家教授们。你们让我再一次见证了梦想的实现。

还要感谢华东师范大学出版社教心分社社长彭呈军老师及其团队高效且专业的工作，使这本译作得以及时出版。感谢所有默默支持、帮助我的人们！

整个译作的过程，伴随我度过了职业生涯的一段特殊时期。虽然经历了坎坷，或许前路还会充满荆棘，但每每望到办公楼中宋先生画像里她那充满慈爱的笑容，心中涌起的是一种勇气，心中有爱，每天都是阳光灿烂的日子！

"愿小树苗健康成长"是宋先生留给孩子们的最后一篇文章，饱含着她对孩子们的殷切期望。我愿与志同道合的教育工作者一起，继续为着"缔造未来的事业"携手勇敢向前。

张昱瑾

2018 年 6 月 16 日